新时代大学生劳动教育与德育教育创新研究

崔兴军　单玉梅　岳柏冰 ◎著

图书在版编目（CIP）数据

新时代大学生劳动教育与德育教育创新研究 / 崔兴军，单玉梅，岳柏冰著. -- 北京：中国商务出版社，2022.8

ISBN 978-7-5103-4368-1

Ⅰ. ①新… Ⅱ. ①崔… ②单… ③岳… Ⅲ. ①大学生－劳动教育－研究－中国②大学生－德育－研究－中国 Ⅳ. ①G40-015②G641

中国版本图书馆 CIP 数据核字(2022)第 138900 号

新时代大学生劳动教育与德育教育创新研究
XINSHIDAI DAXUESHENG LAODONG JIAOYU YU DEYU JIAOYU CHUANGXIN YANJIU

崔兴军　单玉梅　岳柏冰　著

出　　版：	中国商务出版社
地　　址：	北京市东城区安外东后巷28号　邮　编：100710
责任部门：	教育事业部（010-64283818）
责任编辑：	刘姝辰
直销客服：	010-64283818
总　发　行：	中国商务出版社发行部　（010-64208388　64515150）
网购零售：	中国商务出版社淘宝店　（010-64286917）
网　　址：	http://www.cctpress.com
网　　店：	https://shop162373850.taobao.com
邮　　箱：	347675974@qq.com
印　　刷：	北京四海锦诚印刷技术有限公司
开　　本：	787毫米×1092毫米　1/16
印　　张：	10.25　　　　　　　　字　数：212千字
版　　次：	2023年5月第1版　　　　印　次：2023年5月第1次印刷
书　　号：	ISBN 978-7-5103-4368-1
定　　价：	56.00元

凡所购本版图书如有印装质量问题，请与本社印制部联系（电话：010-64248236）

版权所有　盗版必究（盗版侵权举报可发邮件到本社邮箱：cctp@cctpress.com）

前言

我国的高等学校,历来重视大学生的德育工作,坚持对大学生进行德智体美劳的全面教育,并对此开展了大量卓有成效的工作,取得了丰硕的成果。高等学校要培养合格的大学生,就要牢固树立"育人为本、德育为先"的教育理念,不断创新工作模式、机制和方法,不断强化对大学生的社会主义、爱国主义、集体主义教育,让大学生牢固树立正确的世界观、人生观、价值观,不断强化学生的理想信念教育,坚定跟随中国共产党的领导,坚定信念,坚持全员育人,准确把握学生的思想状况,有针对性地制订思想政治教育计划,做到因材施教。

同时,伴随着我国社会的快速发展与变化,对德育教育和创新能力的要求已经上升到一个新的高度,被国家和社会所关注。道德教育的培养至关重要,它的好坏对于一个学生的未来发展有着重要的影响,而培养并加强学生的创新能力是时代发展所需,也是德育教育重要的教学目标。

新时代大学生劳动教育与德育教育是中国特色社会主义教育制度的重要内容,是高校人才培养的重要组成部分,是德智体美劳全面教育体系的核心要素。本书立足于大学生劳动教育与德育教育的理论和实践创新两个方面,首先对大学生劳动教育与德育教育的概念与发展进行简要概述;然后对大学生劳动教育实践的相关问题进行梳理和分析,包括大学生劳动情怀教育、专业技能教育、创造性劳动教育等;最后对大学生德育教育创新实践应用进行探讨,包括大学生立体化德育教育、新媒体视域下的大学生德育教育创新等方面。本书论述严谨、结构合理、条理清晰,能为新时代的大学生劳动教育与德育教育创新相关理论的深入研究提供借鉴。

在撰写本书的过程中,笔者借鉴了部分专家、学者的研究成果和著述内容,在此表示衷心的感谢,由于笔者水平有限,难免会有缺点和错误,恳请广大读者批评指正。

目录

第一章　大学生劳动教育概述 1
 第一节　劳动的含义 1
 第二节　高校劳动教育课组织机构及工作职责 4
 第三节　大学生基础劳动教育课 9

第二章　大学生德育教育理论基础 15
 第一节　德育的基本功能 15
 第二节　德育目标的价值内涵 18
 第三节　德育教育的重要意义 23
 第四节　新时期高校德育的实效性 27
 第五节　大学生德育的教育途径 36

第三章　大学生劳动情怀及专业技能教育 41
 第一节　大学生与劳动情怀 41
 第二节　大学生与专业技能 49

第四章　大学生创造性劳动教育培训 58
 第一节　创造性劳动内涵 58
 第二节　创造性劳动能力与方法 62
 第三节　大学生创造性劳动能力的培育 68

第五章　大学生立体化德育途径 73
 第一节　大学生立体化德育概述 73
 第二节　高校立体化德育实施途径 84

第六章　大学生德育教育引入传统文化的创新 98
第一节　中国传统文化在当代的价值体现 98
第二节　中国优秀传统文化对大学生德育的价值 103
第三节　中国传统文化在大学生德育教育中的实现策略 111

第七章　新媒体视域下的大学生德育教育 121
第一节　新媒体视域下大学生德育创新的重要性 121
第二节　新媒体视域下大学生德育指导理念的创新 130
第三节　新媒体视域下大学生德育方法、形式的创新 139

参考文献 154

第一章 大学生劳动教育概述

第一节 劳动的含义

一、劳动的概念

（一）劳动的概念、内涵与外延

1. 劳动的概念

劳动，是人们改变劳动对象使之适合自己需要的有目的的活动，即劳动力的支出。劳动是人类社会生存和发展的基础。它主要是指人们在生产物质资料过程中的一种付出劳动力，并能够对外输出劳动量或劳动价值的人类活动。劳动是人们在社会生活中维持自我生存和发展的唯一手段。按照传统的劳动分类理论，劳动可分为脑力劳动和体力劳动两大类。

劳动是人类活动的一种特殊形式。在商品生产体系中，劳动是劳动力的支出和使用。劳动是发生在人与自然界之间的活动。其实质是通过人的有意识的、有一定目的的自身活动来调整、控制自然界，使之发生物质变换，即改变自然物的形态或性质，为人类的生产生活和自己的需要服务。劳动创造人类，劳动创造世界，劳动创造未来。

2. 劳动的内涵和外延

劳动，是公民具有权利和义务。这就要求每一个有劳动能力的人，都要把劳动看成是自己的光荣职责，必须以国家主人翁的态度对待劳动。

劳动的外延是人类实践活动的一种特殊形式，多指创造物质财富和精神财富的活动。劳动是人类特有的基本的社会实践活动，也是人类通过有目的的活动改造自然对象并在这一活动中改造人自身的过程。在经济学中，劳动则是指劳动力（含体力和脑力）的支出和使用。

劳动基于教育视角，即基础劳动教育实践，是以促进学生形成劳动价值观（即树立正确的劳动观念、积极的劳动态度，热爱劳动和劳动人民等）和养成劳动素养（有一定劳动知识与技能、形成良好的劳动习惯等）为目的的教育实践活动。劳动还与"劳动技术教育""通用技术教育"等概念相关。不过，"劳动技术教育"强调的是技术的学习，与职业定向存在更密切的关联;"通用技术教育"则是开展基础技术教育的课程,"通用技术"是其教育重点。换言之,劳动教育是面向所有教育对象的普通教育,而"劳动技术教育""通用技术教育"两个概念中虽也有"劳动"的要素,但较多指向具体技术或者通用技术的学习实践等,强调重点有显著差异。

我们所说的基础劳动,是人们在学习、生活、工作过程中,为创造一个良好的、舒心的环境,而进行的必要的且是最基本的劳动。比如:室内外环境卫生的清扫与维护,把各种物品科学合理地摆放整齐,一般绿化、植被的修剪与整理,等等,都是最简单、最基本、最基础的劳动,也是我们学会做人做事最根本的需要。

(二)基础劳动教育课与勤工助学、义务劳动的异同

我们根据新时代教育方针,即"培养德智体美劳全面发展的社会主义建设者和接班人"的要求,在高校教育中开设基础劳动教育课,将其列入专业人才培养方案,作为公共德育必修课程,这是新时代对人才培养的创新与要求。

勤工助学,一般指家庭经济贫困的学生利用课余时间参加的劳动,通过工作赚取报酬来帮助完成学业。也有学生并不是为了报酬,而是想提前进入社会和企业单位,多积累一些工作经验,使自己毕业后能够顺利就业。勤工助学一般以个人自发行为为主,但也有部分勤工助学是学校有组织的行为。

勤工助学和基础劳动教育课都是劳动力付出,而且都是学生在校期间的劳动,都是以树立正确的劳动价值观,更好地锻炼自己为目的的劳动。但勤工助学主要是利用课余时间参加劳动活动,以获取一定的报酬或社会工作经验为目的的劳动活动。劳动教育课是指学校有组织的课程教学与实践行为,按照专业人才培养方案,规范课程教育教学和实践,建立和记录学生个人课程成绩档案,进行教学实践检查和教学质量评估,并且通过教育教学和实践环节来培养学生讲卫生、爱劳动、创文明的品德和吃苦耐劳的精神。

义务劳动是指不计定额、不要报酬,出于自己的自由意志而进行的各种社会服务类型的劳动活动。义务劳动更是一种无私的、道德品质好、思想境界高的劳动活动,是值得倡导的发扬社会主义奉献精神的劳动。参加义务劳动活动,能起到促进人的思想洗礼、净化人的心灵的作用。

总之,基础劳动教育课是人才培养要求的课程,是学校和学生必须完成的教学任务。勤工助学是一种目的比较明确的压力型劳动。义务劳动是自愿奉献的社会服务劳动。

（三）未来劳动发展趋势

未来是信息社会，很多工作需要面对复杂的工作情境，需要人们具备较高的综合素质和能力。不论劳动课程设计，还是实施劳动教育的过程，都要充分考虑社会发展现状和未来社会对人才的需求趋势，将信息社会、信息技术等代表未来发展方向的劳动技能融入劳动教育中。当前科技迅猛发展，人工智能的更多应用构想逐渐成为现实，计算机和人类各具比较优势，几乎所有按照既定程序操作的工作，计算机都可以完成。这些工作正在越来越多地由以计算机为代表的人工智能代替人类，留给人类的是那些需要用复杂的认知去判断、执行的工作。这些工作没有既定的规则可以遵循，需要人类通过密切交流，依据既定情境判断，从而创造性地解决。

如今，人工智能正在逐步取代人类的劳动力，世界人口总数在未来几十年还是会不断增加，但需要人类的工作岗位却越来越少了。随着科技的发展，简单的劳动必将被人工智能所替代。

二、教育方针

需要根据社会发展变化情况，及时充实完善与时俱进的教育方针内容。

国家与社会对教育事业高度重视，坚持把教育摆在优先发展的战略地位，围绕培养什么人、怎样培养人、为谁培养人等一系列根本问题，全面加强对教育工作的领导，坚持立德树人，加强学校思想政治工作，推进教育改革，加快补齐教育短板，使教育事业中国特色更加鲜明，教育现代化加速推进，在教育方面人民群众获得感明显增强，我国教育的国际影响力加速提升，公民思想道德素质和科学文化素质全面提升，中国特色社会主义教育事业焕发出强大的生机活力。

在推进教育事业的实践中，一系列关于教育改革实施与发展的新理念、新思想、新观点被提出，主要包括：坚持党对教育事业的全面领导，坚持把立德树人作为根本任务，坚持优先发展教育事业，坚持社会主义办学方向，坚持扎根中国大地办教育，坚持以人民为中心发展教育，坚持深化教育改革创新，坚持把服务中华民族伟大复兴作为教育的重要使命，坚持把教师队伍建设作为基础工作。这"九个坚持"，既是经验性总结，也是规律性认识；既是根本遵循，也是行动指南，必须始终坚持、不断丰富发展。

教育工作的实施要"全面贯彻党的教育方针"，注重将"党的教育方针全面贯彻到学校工作各方面"。同时应该将"德智体美全面发展"发展为"德智体美劳全面发展"。这个发展可谓一字千钧，反映了中国特色社会主义建设的新要求，也从一个侧面回答了培养什么人、怎样培养人和为谁培养人这一教育根本问题。教育引导学生崇尚劳动、尊重劳动，懂得劳动最光荣、劳动最崇高、劳动最伟大、劳动最美丽的道理，长大后能够辛勤劳动、诚实劳动、创造性劳动。

第二节 高校劳动教育课组织机构及工作职责

一、学校组织机构及工作职责

大学生基础劳动教育课既是一门思想品德教育和文明校园创建课程，又是一门改变师生行为习惯、学会做人做事的实践课程。要教育实践好这门课程，一定要有较强的策划力、组织力、执行力，才能达成劳动教育课的效果。否则，这个课就是一盘散沙，成为一门自由"放羊"式、没有任何教育效果的课程。

为了有序和规范地实施劳动教育课，学校一般应成立劳动教育课教学委员会和教研室等机构，主要负责劳动教育课程的策划、指导、组织、实施、检查和管理等教学教务工作。

（一）劳动教育课教学委员会及工作职责

学校劳动教育课教学委员会设组长一名，一般由负责思想政治工作的党委书记担任；设副组长两名，一般由分管学校教学工作和分管学生工作的副校长担任；设成员若干名，一般由教务处、学生工作处、后勤处、督查室和各二级学院的主要负责人参加。

学校劳动教育课教学委员会主要职责：①加强劳动教育课的思想政治工作，进一步明确实施劳动教育课的目的，端正劳动态度，教育广大学生积极参加劳动。②结合学校的实际，建立和完善劳动教育课各项规章制度。③负责研讨劳动教育课有关教育教学重要政策规定。④及时解决学生反映的重要问题，督促劳动教育课取得最佳效果。⑤努力探索、改革高校劳动教育课实施和管理模式，不断丰富劳动课内容，创新教育教学形式。

（二）劳动教育课教研室及工作职责

劳动教育课，是一门新增加的思想教育必修课。按照教学要求，应成立课程教研室，主要负责全校各专业劳动教育课程教学计划制定、组织实施、教研活动和日常管理等工作。

劳动教育课教研室接受教学委员会的直接领导，接受教务处的业务指导和督查管理。教研室应设主任一名，一般由学生工作部（处）长担任；成员若干名，一般由各二级学院分管学生工作的副院长和学生教育科长或副科长担任，各学院具体组织实施劳动教育课的辅导员、班主任等参加。

劳动教育课教研室的主要职责如下：①负责起草劳动课的教学计划、组织实施、检查考评、成绩录入、学分管理和奖惩等规章制度。②加强劳动课的普遍教育，明确劳动目的，端正劳动态度，充分调动广大学生参加劳动的积极性。尤其要做好少数学生的思想教育工作。③具体负责劳动教育课的计划组织、理论教学、技能培训、实践指导、考勤管理、检查督促、讲评反馈、问题整改和资料整理等工作。④认真了解和掌握劳动教育课实施过程中反映出来的问题，做好家校联系沟通工作，及时解决问题。⑤按照教务处的安排，结合劳动教育课存在的问题，开展教育教学经验交流、集体备课和研讨活动。⑥不断探索创新大学生劳动教育课方法和形式，丰富劳动课程内容等。

二、行政相关部门工作职责

劳动教育课作为一门思想政治教育必修课，按照教学规定和组织实施劳动教育课的实际，以下为各部门的工作职责。

（一）教务部门工作职责

1. 负责指导协调教育方针的落实

要求各学院按照新时代党的教育方针，即："培养德智体美、劳全面发展的社会主义建设者和接班人"培养目标，修订各专业人才培养方案，审核批准专业人才培养方案。

2. 负责指导劳动教育课教研室

根据学校教学规定和劳动课的计划安排，组织劳动教育课程日常教学管理工作，规范课程教学流程、检查督促教学与实践效果，及时整改存在的问题。

3. 负责学期检查

每学期期初、期中、期末三次大检查，不断规范课程体系制度，完善课程教学存档资料，提高课程教育教学质量，努力使劳动课教育教学更加制度化、规范化。

4. 负责劳动教育管理

劳动教育课的学生个人课程成绩、学分管理，指导课程补考、重修等工作。

5. 负责指导劳动教育课的改革与实施

主要对劳动课教研室做好劳动教育课程的教学改革进行管理，不断探索创新劳动教育课的教学和实践内容、形式和方法。

（二）学工部门工作职责

1. 领导劳动教育课教研室

根据教务部门有关课程教学规定和劳动教育课的实际，不断制定和完善符合劳动教育课实际的课程体系，科学制订学年度劳动教育课教学实践计划并指导实施，健全劳动教育课规章制度，使劳动教育课更加制度化、规范化。

2. 加强劳动教育课宣传教育

加强对广大学生的宣传教育工作，组织实施新时代党的教育方针的教育，充分认识高校开设劳动教育课的重要性和必要性，明确课程建设目的，端正劳动态度，努力营造劳动教育课的教育宣传氛围。

3. 协调院（系）课程安排、具体实施

负责指导协调院（系）做好劳动教育课的组织实施、检查督促、问题整改等工作，主动协调各职能部门劳动教育课教育教学，特别是实践课有关工作，及时协助解决劳动教育课的有关问题。

4. 指导院（系）和辅导员工作

及时了解掌握学生对劳动教育课的思想反馈，树立和宣传表现突出的典型，耐心细致地做好个别学生的思想政治教育工作，广泛调动大家参与劳动教育课的积极性、主动性。

5. 指导资料归档工作

指导劳动教育课教研室按照课程建设的要求，收集、整理、归档，规范地做好劳动教育课的存档资料。做好每学年教育教学工作总结，开展好各项教研活动。

6. 组织做好课程的探索与创新

在开展组织实施劳动教育课过程中，应及时收集劳动教育课程教学过程中的新情况、新问题，及时组织分析研讨对策，不断探索新时代大学生基础劳动教育课新形式、丰富新内容、取得新效果。

（三）后勤部门工作职责

1. 提出符合实际的劳动标准

后勤部门作为文明校园创建的重要职能部门，应根据校园文明卫生、环境绿化等要求和广大学生的实际，提出校园基础劳动的有关标准。如教室、实训实验室、大厅、走廊、厕所等室内的地面、墙面、桌面、门窗面、玻璃面和天花板的清扫干净的标准，提出广场、道路、运动场、篮球场、人行道、绿化带（地）等室外清扫、清捡干净的标准。使学校劳动教育课的组织实施者对照标准提出要求，更加有的放矢。

2. 组织劳动技能和方法培训

后勤总务部门应定期组织学生骨干进行劳动技能和方法的培训，进行正确的劳动姿势培训，使学生掌握各种劳动工具的使用方法，学会爱护劳动工具。熟练地掌握劳动技能和劳动工具，包括现代智能劳动工具的使用方法和技能，可以极大地提高劳动教育课的质量和效果。

3. 协助做好劳动课日常检查

后勤总务部门和学校督查部门共同履行劳动教育课日常实施情况的检查指导工作，及时巡查发现校园各区域劳动教育课存在的各种问题，及时提出整改意见，协助抓紧抓好整改落实工作，提升劳动教育课的日常教学工作质量。

4. 参与统一组织的劳动督查

一般情况下，学校每周组织一次全面的、彻底的劳动教育课检查，按照统一组织和分工负责相结合的检查方式，认真详细检查，发现问题及时汇报并提出整改意见，落实好自己的检查责任。

5. 做好劳动教育课工具保障

根据参加劳动教育课学生所需劳动工具和劳动工具正常损坏情况，及时按程序申请、审批、购买和补充，切实保障好劳动教育课所需要的劳动工具。

三、二级学院工作职责

院（系）是大学生劳动教育课程的直接领导和组织者，负有重要的课程教育教学和实践责任。高校教师和辅导员是大学生思想政治工作教育管理者、组织者，对大学生基础劳动教育课程负有直接和具体组织落实的责任。

（一）院（系）职责

1. 纳入人才培养方案

根据学校劳动教育课教学委员会和教务处有关课程教育教学要求，纳入重要的议事日程，制（修）订各专业人才培养方案，报教务处审批执行。

2. 制（修）定规章制度

制（修）定劳动教育课教育教学有关规章制度和教学计划，完善人才培养方案和教学计划的具体规定与措施，认真落实劳动教育课的教学制度、计划和奖惩规定。

3. 明确领导分工

明确院（系）领导对劳动课教育教学和组织实施的分工，加强各班级劳动课的督促检查，及时发现整改问题，不断提高劳动教育课的教学实践效果和质量。

4. 做好宣传工作

要做好劳动教育课的普遍宣传教育，按照课程要求上好劳动教育理论课，增强劳动意识，端正劳动态度，重视发现劳动实践过程中的好榜样，做好学生的思想宣传教育工作。

5. 完善课程档案资料

要按照课程教学管理规定，及时收集劳动教育课的各种教学资料，做好考勤和教学登记，规范整理，完善归档。要及时录入学生的课程成绩，做好补考重修工作。

6. 做好课程改革创新

要不断做好劳动教育课的理论教学与实践改革，不断探索新时代在高校开设劳动教育课程的途径与方法，尤其是与专业建设相结合的劳动教育，不断增强劳动教育教学的教育效果，努力达成人才培养目标。

（二）教师或辅导员职责

1. 详细计划，分工负责

根据学校教务部门和学工部门关于开设开展大学生基础劳动教育课程的规定，对照各自参加劳动教育课的班级及人数，制订详细的劳动课计划，分成区域劳动小组，指定小组长负责，做好分工负责。组织班委会议和班会，明确有关规定，提出落实好劳动教育课的具体措施和要求。

2. 重视教育，统一思想

教师或辅导员根据学工部门和劳动教育课教研室的布置和要求，组织好劳动教育理论课的备课，充分准备，编写好教案，并认真组织教学，做好劳动教育理论课教学登记、考勤登记、过程登记、效果评价登记，形成完整的理论教学资料。

3. 遵守制度，落实规定

负责劳动教育课组织实施的辅导员，应坚持劳动教育课课程标准和制度，做好每天早上集合考勤登记和管理工作，做好每天劳动实践课结束后的小结讲评，加强劳动课实践过程中问题的自查整改工作，重视劳动教育课实践过程中的好人好事的宣传和氛围营造工作，做好劳动课教育教学总结。

4. 交流经验，树立典型

教师或辅导员在劳动教育实践中，注重收集树立在劳动中不怕苦、不怕累、不怕脏、吃苦耐劳的典型，组织撰写心得体会和交流经验。注意利用实践过程，发现考查班团干部，给予评先评优，培养入党积极分子和发展党员。

5. 耐心细致，做好工作

加强思想教育工作，对少数认识不到位、态度不端正、出工不出力，甚至找借口请假逃避劳动等行为，要及时沟通，做好耐心细致的思想教育工作。对个别我行我素、屡教不改、无特殊原因不参加劳动的问题学生，除给予补考、重修外，还应严肃教育、批评，直至纪律处分。

6. 加强自查，提高效率

校园劳动由于点多、面广、线长，应科学组织，合理分配和分工。要组建一个 5~8 人由辅导员牵头、熟悉校园环境和有较强管理能力的督查小组，在劳动中反复巡查，发现问题当场整改，提高劳动课的质量和效率。

7. 收集资料，分类存档

教师或辅导员要根据学校有关课程教学管理规定的要求，认真完整收集课程计划、备课教案、成绩登录和分析表、考勤表及课程教学实践总结等，填写整理好教学情况登记表，由教研室存档保管。

第三节　大学生基础劳动教育课

一、课程概述

（一）课程性质

基础劳动教育课是锻炼提高学生的综合素质和能力，树立劳动观念，端正劳动态度，学习劳动技能，增强自我管理、自我服务意识，培养广大学生吃苦耐劳的优良品质和合作意识，养成爱劳动、守秩序、讲卫生、做文明人的良好习惯的基础性课程，是一门品德实践教育必修课程。

（二）课程目标

通过劳动教育和实践，端正学生对劳动的思想认识和劳动态度，掌握劳动技能，增强团结协作，传承吃苦耐劳、艰苦奋斗和珍爱劳动成果的优良品质，提高学生的文明素质和综合素质，培养广大学生好的文明行为习惯，弘扬劳动精神，教育引导学生崇尚劳动、尊重劳动，懂得劳动最光荣、劳动最崇高、劳动最伟大、劳动最美丽，树立正确的世界观、人生观和价值观，促进德、智、体、美、劳全面发展。

（三）课程课时

劳动教育课列入全校各专业人才培养方案和课程教学计划，学生在校第一学年期间，参加以班级为单位组织的劳动教育课理论教学和集中劳动实践周，共计40课时。其中，劳动教育课理论教学（包括技能培训）为4课时，应在班级劳动实践周的前一周组织进行。劳动实践周为星期一至星期天，共7天，周总计36课时，即星期一、星期二、星期四和星期五每天按6课时计算，星期三、星期六、星期天每天按4课时计算。另外，周三下午安排2课时的义务劳动活动。

（四）课程学分

劳动教育课总课时计2学分。学生个人修满课时、达到理论考试和实践考核标准，并且劳动态度端正、遵守劳动纪律、劳动效果明显，结合个人平时行为习惯评定课程成绩，60分及以上为及格，未达到60分者应重新修读，学生所获学分、成绩记入个人档案。

二、理论教学内容和基本要求

（一）开设劳动教育课的意义

劳动教育是教育发展的内在需求，是社会主义教育的重要特色和优势。劳动教育既能引导学生热爱和尊重劳动、弘扬劳动精神，又是开展教育工作的重要保障和必然选择。

1. 劳动教育是遵循教育思想的必然要求

对照人类社会的发展史，无论人类解放和自身发展，还是获得财富都离不开劳动，幸福也需要通过劳动创造。生产劳动与教育相结合的劳动教育思想提出、明确是社会主义教育良好实施的一条重要原则；不同于普通的教育思想，劳动教育思想是以唯物主义为切入点，对劳动教育思想的系统性与全面性进行阐述，把劳动教育提升到普遍规律的高度之上，强调了人的解放需要开展劳动教育，从根本上明确教育应当"为人、对人、靠人"。劳动有助于人们获得生产生活经验和增强个人奋斗的主动性。

2. 劳动教育是立德树人的重要途径

立德树人既是教育的根本任务，也是检验教育成效的根本标准。立德树人的目的在于培养"德、智、体、美、劳"全面发展、合格的社会主义建设者和可靠的接班人，劳动教育则是实现立德树人目标的一个重要过程和重要方面。首先，劳动教育丰富了教育工作的内涵，促使学生端正劳动态度并树立正确的劳动观念，能够培养学生对于劳动和劳动人民的思想感情，逐步养成热爱劳动、善于劳动以及勤于劳动的素质。其次，劳动教育和道德教育紧密联系，劳动教育也是加强德育的过程。因此，道德教育与劳动教育相结合也是德育的一种方法。我国历来注重劳动教育的重要作用和实际意义，将劳动视为形成良好道德品质的重要途径，"德之根在心，人之本在劳"，二者结合就是立德树人的根本。

3. 劳动教育的实际作用和现实需要

劳动对于创造人和创造历史的重要意义不言而喻。因此，劳动教育是劳动和教育的有效结合，一方面发挥了劳动的实践效用，通过利用和总结实践经验实现了理论和实践相结合、知行合一，人们得以在实践中学习、在学习中实践；另一方面发挥了教育的效用，增进了学生对于劳动生产知识和技术的认识与理解，提高了学生的劳动实践能力以及分析和解决问题的水平。因此，劳动教育与德育、智育、体育、美育密不可分，有助于完善教育工作，培养"德、智、体、美、劳"全面发展的人才。只有加强劳动教育才能培养出一大批勤于劳动和善于劳动的人才，才能符合新时代教育发展的根本要求，同时劳动也是实现个人梦想和国家梦想的一个重要选择。

在现实生活中，由于社会物质生活的丰富和传统的家庭教育方法有失偏颇，小孩应该做的事情都由家长包办了，致使一些小孩在家力所能及的事情都不肯去做、都没有做过，过着饭来张口、衣来伸手的"小太阳"生活。部分大学生连起码的洗衣、扫地、整理物品、料理个人的日常生活小事都做不来。贯彻落实党的教育方针，把"劳"作为培养目标之一，是当前社会现实的需要，更是年青一代为实现"中国梦"和中华民族伟大复兴努力奋斗的需要。

（二）劳动观、奋斗观、幸福观主题教育

1. 劳动的价值

劳动观是人们对劳动的根本看法和态度，是人们世界观和人生观的重要组成部分。劳动是创造物质世界和人类历史的根本动力，劳动、劳动者神圣光荣；劳动是一切社会财富的源泉，按劳分配是合乎正义的分配原则，不劳而获、少劳多得可耻不义；劳动具有教育性价值，教育与生产劳动相结合，不仅体现出社会主义教育的本质，而且热爱劳动、积极参加劳动，才能实现个人的健康成长。不爱劳动、不愿劳动，过寄生虫生活，会阻碍个人的全面发展，实现不了人生价值。

2. 用劳动奋斗出幸福新时代

劳动是推动人类社会发展的根本力量，也是通向伟大梦想的进步阶梯。幸福是奋斗出来的。世界上没有坐享其成的好事，天上不会掉馅饼，努力奋斗才能梦想成真。对家庭而

言，没有劳动就没有物质财富的积累，就没有生活条件的改善；对个人来说，劳动不仅筑牢了成功的坚实底座，也凝结成宝贵的精神财富。新时代的劳动者，只要肯学、肯干、肯钻研，练就一身真本领，掌握一手好技术，就能找到人生出彩的舞台，在劳动中发现广阔的天地，在劳动中体现价值、展现风采、感受快乐。

（三）劳动实践课安全注意事项

第一，负责打扫学校大门口的学生，在打扫时应小心过往车辆，注意及时躲避。

第二，负责打扫楼前楼后的学生应，小心楼上的同学往下丢东西，防止被砸伤。

第三，负责打扫各专用教室、实验实训室的学生，别乱动不认识的东西，防止出现一些不必要的损伤。

第四，负责擦门的学生，应注意把门上锁，防止在门后打扫时，有人突然推门造成伤害。

第五，负责擦玻璃的学生，应该注意防止从窗台上摔下来。

第六，负责擦灯管、电扇、挂画的同学，除注意防止摔伤外，还要小心触电，开灯时绝不能擦灯管。

第七，负责打扫台阶的学生，防止踩空、摔伤。

第八，负责清理垃圾道的同学，应注意垃圾道里的一些碎玻璃、石头等，防止对自己造成伤害。

第九，打扫中杜绝玩耍打闹，防止误碰其他同学，致使自己和他人受伤。

第十，打扫中应留意他人，以免对他人造成伤害。清理垃圾道的同学使用铁锹时，注意别误碰伤他人，负责打扫楼上的同学忌高空抛物。

（四）理论教学基本要求

1. 明确教学的实施目的

应明确劳动教育的教学目的，通过理论教学，提高学生对劳动教育课的认识，增强劳动意识，掌握基本的劳动知识，明确劳动教育的目的意义、劳动教育的组织形式和方法等。

2. 充分准备

劳动教育理论教学老师要提前做好调查研究，收集有关资料，结合学生缺乏的和实际需要的，认真准备教案，做好教学课件，使用多媒体教学，提高课堂教学效果。

3. 讲究方法

重视劳动教育课程教学改革，应采取研究讨论式、启发互动式教学，必要时可以把课堂搬到现场去，贴近实际进行理论教学，增强课堂互动性，活跃课堂氛围。

三、劳动实践教育课程场所与要求

（一）劳动实践教育课程场所

1. 教学楼

主要包括楼内各教室和走廊、楼梯、露台、休闲场所、公共卫生间及周边等区域。

2. 实训楼

主要包括楼内各实验实训室、走廊、楼梯、露台、休闲场所、公共卫生间及周边等区域。

3. 活动中心和图书馆

主要包括活动中心和图书馆各活动室、藏书室、阅览室、走廊、礼堂、露台、报告厅、休闲场所、公共卫生间，各类办公室、资料室及周边等区域。

4. 师生公寓

主要包括公寓各楼内走廊、楼梯、露台、值班室、休闲场所、庭院内及周边等区域。

5. 道路、广场

主要包括校内各机动车主、次干道，人行道和小道等。广场主要有集会广场、休闲广场、运动场、停车场、各种球类场等区域。

6. 食堂、车库

主要包括校园所有食堂和餐厅、地下人防设施和地下停车库及周边等区域。

7. 校内绿化地、生态园等

主要包括校园内各区域的绿化地、绿化林、校园湖（池）、果树园、生态园及校园周边等绿化区域。

8. 校园其他有关区域等

高校校园总体上说有上述主要区域，而这些区域内的清扫卫生、整理物品、优化环境等工作，一般可以安排学生通过基础劳动教育与实践课、师生的义务劳动、校园文明创建或者志愿者活动完成。

（二）劳动实践教育课程要求

1. 劳动教育小组

学校应成立劳动教育课领导小组，主要负责专业人才培养方案的修订，决定劳动教育课有关教育教学、组织实施、检查考评、成绩管理、学分登记和奖惩等规章制度，督促劳动教育课取得好的教学效果。

2. 劳动教育方案

劳动课教研室主要负责专业人才培养方案的完善，负责劳动教育课的教学与管理实施，劳动教育课情况考核汇总，个人成绩评定与录入，根据学生劳动教育课成绩情况确定补考、重修和是否发放毕业证书等。

3. 劳动教育实施领导

二级学院应成立以院长助理为组长和有关辅导员、教务员等为成员的劳动教育课实施工作小组，各班级应成立以班长、团支部书记为负责人的劳动教育课组织管理和考评小组，根据校园劳动区域范围，划分成若干个劳动小组和一个考评小组，把班级学生劳动教育课落到实处。二级学院和班级主要负责劳动教育课的理论教学、具体组织实施、过程管理、考评奖惩、问题整改、学分登录和学生劳动教育课过程中的思想教育等工作。

4. 劳动相关理论教育

参与劳动课的学生要认真上好劳动理论课，参加有关培训，掌握必要的劳动知识和技能以及有关安全注意事项；熟悉劳动项目、劳动范围、劳动标准和目标要求；劳动过程中，劳动态度要端正，不怕苦，不怕累，按时上下岗，不得迟到、早退、串岗和旷工；服从安排，听从指挥。积极主动完成工作，不消极怠工，完成规定的课时和学分；在劳动期间，要爱惜劳动工具和学校设施，节约用水。

第二章 大学生德育教育理论基础

第一节 德育的基本功能

德育的功能指在一定社会历史条件下其所能发挥的作用和能力。原始社会的德育功能主要表现为劳动功能；阶级社会的德育功能则主要表现为政治功能；社会主义社会的德育功能除了政治功能外，还有一项重要功能，即经济功能。

一、德育及其功能的含义

德育有狭义和广义之分。狭义的德育是指教育者对受教育者进行的道德品质教育。广义的德育是教育者对受教育者进行的政治教育、思想教育、道德品质教育、法制教育等涉及受教育者的政治、思想、品质教育的总和。本书讨论的是广义的德育。

功能是指某一事物在环境中所能发挥的作用和能力，是事物的客观属性。德育的功能即德育在一定社会历史条件下所能发挥的作用和能力，是德育所具有的客观属性。从不同的角度看待德育的功能，很可能会得出不同的结论。如果从社会功能的角度探讨德育的基本功能，在谈论德育的特性时，经常会提到德育的职能、作用、价值等，有些人将其不加区别地混用，这样是不合适的。

"功能"是"物质系统所具有的作用、能力和功效"，"职能"是"人、事物、机构应有的作用、功能"。从内涵看，功能和职能有相同之处，都指事物的作用。但二者也有区别，"功能"所强调的是具有一定结构的系统的作用，而职能主要是指机构的职责和能力。把德育作为教育这个系统内的子系统，在谈到它的作用时，使用"功能"为宜；而把德育作为学校的职责，在谈到它的作用时，使用"职能"为妥。

"功能"是事物的客观属性，"作用"是"功能"的外在表现。"作用"是以"功能"为前提的，"功能"不明确，"作用"就难以发挥。同时，人们往往通过"作用"来考察"功能"。德育的作用是德育功能的表现，德育的功能要从历史的、现实的德育的作用去挖掘。"价值"，从社会学的观点来理解，是指事物的相互关系，即一事物对其他事物的有用性。德育的价值是指德育在某一方面的作用，同样是以德育的功能为基础，是德育对其他事物的作用，但不是"功能"本身。德育的价值在不同的方面表现不同，而德育的"功能"在一定社会历史条件下却是确定的。

二、德育功能的历史考察

在不同的社会历史条件下，德育的功能是不同的。随着人类社会的发展变化，德育的功能也在不断地发生变化。为了弄清德育的基本功能，我们有必要对历史上德育功能进行简略的考察。

（一）原始社会德育功能

原始社会德育功能主要表现为劳动功能。原始社会生产力非常低下，人们共同劳动，平均分配。为了种族的延续，人类在与自然的搏斗中逐渐领悟到教育的作用，产生了原始教育。当时的德育主要是围绕劳动进行的，目的是保证劳动顺利进行，祈求丰收，维护氏族团结。因此，原始社会德育的功能是单一的，即劳动功能。

（二）阶级社会德育功能

阶级社会德育功能主要表现为政治功能。人类进入奴隶社会后，随着私有制和国家的出现，原始传统观念发生了变化，德育作为阶级统治的思想观念产生和发展起来。随着学校这种培养统治阶级人才的专门机构的出现，德育作为学校教育的主要内容，成为统治阶级维护自己统治的重要工具。德育承担着对受教育者进行符合统治阶级需要的政治、思想、伦理道德教育的重任。

在我国长达几千年的封建社会里，占统治地位的思想是以孔子、孟子为代表的儒家思想。儒家的德育思想集中体现在道德教育上。之后世俗教育的提出，传授科学知识，对历史的发展起到了巨大的促进作用。资产阶级掌握政权，确立统治地位后，便力图证明资本主义剥削关系是永恒的自然规律。与之相适应，资产阶级德育就成为资产阶级用于说明这一"规律"的武器。在资本主义社会，德育的经济功能有了较大发展，但相对德育的政治功能而言，仍显得微不足道。

三、社会主义社会德育的基本功能

社会主义社会是阶级社会向无阶级社会的过渡，因而在德育的功能上既保持了阶级社会德育的功能，又具有无阶级社会德育的功能。社会主义社会德育的基本功能，是政治功能和经济功能。

作为意识形态的德育，是由一定的经济基础决定的，有什么样的经济基础就会有与之相适应的德育。同时，作为上层建筑的组成部分的意识形态，一旦形成，就对经济基础有巨大的能动作用，它为经济基础服务，积极清除阻碍经济发展的旧观念。德育与其他上层建筑相比，有自己的特点，它不靠强制推行，而是通过教育为人们所认识和接受，然后形成社会舆论，变为人们的内心信念。因为政治是经济的集中表现，所以德育既为经济服务，又为政治服务。德育为经济服务表现为德育的经济功能。德育作为教育的重要组成部分，其经济功能变得十分突出。德育的经济功能具体表现在以下三方面。

（一）保证经济建设沿着社会主义方向发展

我国的现代化是社会主义现代化，我们的物质文明建设是社会主义的物质文明建设。社会主义方向是我们必须坚持的方向，保证这个方向就是德育核心内容政治教育的重要功能。具体地说，政治教育使经济建设牢固地建立在社会主义经济制度基础之上；保证"各尽所能，按劳分配"原则得到正确的贯彻和执行；保证生产经营始终坚持为人民服务的正确方向。

（二）培养受教育者适应经济发展需要的思想观念和价值取向

德育的经济功能还表现为，培养受教育者适应经济发展需要的思想观念、价值取向，提高受教育者的政治觉悟、思想水平和道德水准，为经济建设提供具有较高思想素质的劳动者。经济建设的主体是人，人只有具备多方面的素质才能满足经济建设的需要。德育的作用就是保证人才具备良好的政治、思想、道德素质，缺乏这些素质或素质不高的人难以适应经济发展。调查发现，近些年大学毕业生在工作中表现不尽如人意，许多不是因为业务能力差，而是思想素质不过硬，思想素质不过硬在很大程度上妨碍了他们业务能力的提高。

（三）调动人的生产积极性，调整人们的经济利益关系

德育经济功能的另一个表现，是调动人的生产积极性，调整人们的经济利益关系，创造和谐的人际关系，促进劳动生产率的提高。现代管理理论认为，影响劳动生产率的一个重要因素是人们的劳动积极性，而劳动积极性又往往是由人们的经济利益关系和人际关系决定的。帮助人们正确认识经济利益关系，创造和谐的人际关系，是思想政治教育的重要功能。除了物质利益外，人们还有精神生活的追求。人们对精神生活的追求不可能用物质的手段来解决，只能借助精神的手段来解决，而德育是一种重要的精神手段。

第二节 德育目标的价值内涵

德育目标是教育目标在德育领域的具体化。它在本质上是德育价值的凝结状态，是其自身前提条件的整合统一，是德育活动中的价值枢纽。德育目标的层次间、部分间的辩证联结，要求我们在认识和处理德育目标时必须注意协调过程目标与终极目标、首位目标与非首位目标的关系。

从教育的整个系统来看，德育目标是教育目标的一个重要组成部分，是教育目标在德育领域的具体化。所谓德育目标，就是指一定社会对教育所要造就的社会个体在品德方面的质量和规格的总的设想或规定，是在进行德育之前，人们对于要把受教育者培养成具有何种品德的人，在观念中所具有的某种预期的结果或理想形象。德育目标是从德育预期结果，也就是从受教育者所要形成的品德的角度来说明德育的作用和认识德育活动的价值的。因此，我们可以明确地说，德育目标就是对德育活动结果的具体要求，是对德育工作产品质与量的规定。这种认识在德育界是较有共识的。

一、德育目标本质

德育目标本质上是德育价值的凝结状态。将德育目标置于德育价值的视域中进行考察，并不是人为的牵强附会，而是德育目标自身的要求。劳动过程结束时得到的结果，在这个过程开始时就已经在劳动者的表象中存在，即已经以观念形式存在着。人不仅使自然物发生形式变化，还在自然物中实现自己的目的，这个目的是他所知道的，是作为规律决定着他的活动方式和方法的，他必须使他的意志服从这个目的。在这段话里，目的的特征体现为几个方面：第一，目的（劳动的结果）在劳动开始时就已存在于劳动者的观念之中。这是劳动者对劳动结果的理想性的观念设计。它是主体实践的动力与指令，也是主体实践所追求的理想成果。第二，这个目的必须通过实践"物化"到自然实体中，并使实体发生改变，以实现自身目的。第三，目的应当是规律的反映，规律决定着主体实践的方式和方法。主体认识到规律后，即按此规律去实现自己的目的。综上所述，我们可以这样认为，所谓"目的"，就是主体根据自身客观规律和主体需要或内在尺度的认识而提出的并努力为之实践的未来客体的模型，或者观念中设计的未来行为的理想结果。目标，是目的的具体化和规范化。目的的实现过程也就是价值的创造过程。目的牵引着价值创造及创造的方向，目标凝结着价值的理想状态。从这个意义上讲，对德育目标的考察必须联系德育价值问题，以实现德育目标本性的回归。相反，离开价值论来谈论德育目标，以通常所说的"社会"的"设想或规定"，或者直接将德育目标确定为对"培养学生的思想品质所做的规定"，往往易产生德育目标上的命令主义或权威主义的歧义。从历史的经验来看，这种担心不是没有根据的。德育目标离开价值论的根基，也易成为无根之萍，随社会风波或政治风向飘来飘去。

德育目标作为德育活动中德育价值的凝结，其规定性在根本上取决于自身的特点。也就是说，只有依据德育目标自身的本质特点，才能给出相对完善的界定。因为从德育价值论来看，德育目标无疑是观念中设计的未来德育行为的理想结果。然而，德育主体对德育规律和主体需要或内在尺度的认识，总是受到社会现实条件的限制，德育目标只能是一定社会现实背景下的德育价值理想的凝结。因而，要想深入探讨德育目标问题，就要进一步研究德育目标确定的前提性条件。

二、德育目标是其自身前提性条件的整合统一

德育目标，并不是任由人们提出就能够保证其正确性、合理性的，而是必须依据其自身的前提性条件整合统一。这主要包括如下三个方面。

首先，必须坚持德育主体需要与德育规律的统一。德育目标即德育活动目的的表征。目的是主观性的，正确、合理的目的是以对客观事物发展规律的正确认识为前提的。客观世界中人产生了目的，是以它为前提的——认定它是现存的、实有的。同样，确定正确、合理的德育目的，也是要以对德育规律的正确认识为前提的。这种对德育规律的认识，包含了对社会及人自身生存发展规律的认识。当然，这种认识是相对的，它总是要受到生产力与社会发展的制约。但只有在符合规律的基础上，德育主体对受教育者的改造才能得以完成。因此，制定正确的德育目标，必须坚持主观与客观相统一。反之，若违背德育规律与主体需要的统一，德育目标就只能是主观与客观相分离的一种空想。

其次，必须坚持超越性与现实性的统一。德育目标是对未来的设想，是理想地达到德育目的的标志性模型；德育目标又是对德育现实的一种扬弃，是对德育外在价值的一种超越。因此，德育目标具有未来指向性。如果德育目标无超越性与未来指向性，那它就失去了存在的价值和意义。同时，德育目标又有其现实根据，具有现实的可能性，是以一定历史条件下现实的主客观条件为基础的。德育目标如果失去了现实性，就会成为空中楼阁，就不可能实现，同样也会失去其价值和意义。例如，我国古代儒家在道德教育中对德育目标设定在理念层面上有其合理的一面，因为每个人都是社会中的一员，应该时时考虑自己以什么方式存在于社会。可是，这种以"克己"为目标的德性修养，要求人们时时处处把自己当作"斗争"的对象，只注重个人对社会的适应与顺从，却忽略了对社会的超越与改

造；要求人们处处克制自己以安于现实，似乎只要由己做起，一切矛盾便可以在自己身上消弭，并可由此把整个社会带入一片和谐。

最后，必须坚持统一性与多样性的整合统一。在一定历史时期，一个国家、民族具有共同的利益需要，则具有共同的德育目标。但德育目标又有其多样性。其一，德育目标具有层次性。比如，小学、中学、大学，每个阶段甚至每个学年、每个学期都有各自的德育目标。因此，德育工作者要善于分解德育目标。其二，德育目标从横向看，又是多种类的。可以说有多少德育价值的种类就有多少种德育目标，包括政治性目标、思想性目标、道德性目标等。总之，德育目标是一个系统，是多层次、多部分、多方面的统一。多种德育目标互相联系、互相影响，因而相关人员要善于协调各层次、各种类目标并对其进行整合统一，注意各种德育目标的衔接与支撑，分清主次，辨清主流，使各种具体目标服从于整体目标的实现。

三、德育目标是德育活动的价值枢纽

德育目标的价值枢纽地位和作用，首先表现为德育目标规定德育活动全过程的价值趋向。德育目标的提出是德育活动的起点，即德育价值创造的起点。实现德育目标，又是德育活动和德育创造价值活动的终点。整个德育过程是在德育目标价值枢纽作用的观照下进行的，是以实现德育目标为导向来组织、协调和调整主体全部行动的。也就是说，德育主体的全部活动都服从和服务于德育目标。因此，正确、合理的德育目标是贯穿德育活动和实现德育价值的中心环节。

德育目标决定着德育活动的手段。目标决定手段，手段服从于目标。广义地说，手段是主体作用于客体的一切中介的总和，包括工具、方式、方法、措施等。随着社会文明和科技的发展，人们对德育规律的认识不断深化，因而德育目的、德育手段也在发生变化。例如，在封建社会，德育目标主要是培养"忠臣孝子"，这就决定了德育手段以道德灌输为主，其德育"教材"也仅限于几百年甚至上千年一贯制的"经书"。在当前我国社会主义社会，我们的德育目标主要是培养社会主义公民，树立学生的主人翁意识，使学生成为中国特色社会主义的接班人和建设者。这就要求我们在德育过程中，德育手段要由灌输式向启发式、养成式过渡，德育工具也应多样化。值得注意的是，在目的与手段的关系中，不仅前者决定后者，后者也制约着前者。目的的提出要以一定的手段为前提，因为手段是实现目的的必要条件和保证，没有一定手段的配置，目的就不能实现。在我国社会主义市场经济初步确立并逐步完善的背景下，如何建构并实施与社会主义德育目标相配套的手段，完成现代德育手段对传统德育手段的更新、改造，是当今德育工作的一项重要任务。

德育目标直接制约和影响着德育活动的价值归宿。德育目标是在活动之前（或者至少是在活动初期）提出来的。德育目标本身的规定性表明，全部德育活动都是为了实现它，德育主体据此调节自己的一切活动。因此，从总体来看，德育目标决定着德育活动的结果和价值归宿。当然，现实中的德育活动与活动结果的关系，并不是这么简单的决定与被决定的关系。从目标到结果的转化，是要通过一系列中介手段实现的。因此，德育结果事实上是由德育目标与中介手段的整合作用产生的。此外，外部环境和其他复杂因素，包括受教育者的自身状态、能动性等因素，对德育活动的结果也有重要影响。因此，在通常情况下，德育活动结果往往存在着对德育目标不同程度的偏离。这种偏离表现为动机与效果的矛盾，即效果对动机的偏离。一方面，存在着目标被实践所否定，不能实现全部目标的情况；另一方面，也存在着达到意想不到的良好结果的情况。在这两种情况下，主体都应从实际出发，通过反馈机制相应调节、调整自己的中介手段，其中包括对德育活动的工具、方式、方法、措施以及德育目标的调整，直至最大限度地实现德育目标。德育也正是在这种偏差与调整中完善自身、发展自身的。因此，这种目标与实践的偏差又可以称为"合法的偏差"。德育目标正是在这种"合法的偏差"的推动下，寻找对德育规律和社会主体利益的契合，寻找自身对合规律性与合目的性的契合的。在"合法的偏差"下，正确的德育目标总是要成为决定德育活动结果的首要因素。

四、德育目标层次间、部分间的辩证联结

德育目标的层次、域分问题是德育研究领域中的一个复杂问题。一般来说，在德育目标确定和实施的过程中，教育者总是自觉或不自觉地依据受教育者的心理水平、接受能力和成长发育的生理特点及思想形成规律和社会历史条件，因材施教；而且，德育目标在阐释自身时，也要求德育目标具有层次性和域分性。所谓德育目标的"层次"，主要是指德育目标在德育活动过程中，按照受教育者的特点及相应的目标要求而形成的不同水平或者不同阶段的标准。所谓德育目标的域分，主要是指德育目标按其内容的不同所形成的领域标准，它是德育目标在不同领域的具体体现。德育目标的层次性，体现的是德育目标的纵向划分标准；德育目标的域分性，体现的是德育目标的横向划分标准。实践表明，只有实现德育目标的层次间与域分间的辩证联结，才能真正形成德育目标的有机系统。因为同一层次的德育目标往往是由不同域分的目标构成的；同样，同一域分的德育目标又是由不同的层次连接而成的。这是德育活动的内在要求。

德育目标的层次间、域分间的辩证联结，要求我们在认识和处理德育目标时必须充分协调好两个关系，即过程目标与终极目标的辩证关系、首位目标与非首位目标的辩证关系。

（一）过程目标与终极目标的关系

终极目标是德育的总目标，是德育目标体系中所含价值最高的目标，是德育能量作用于社会的杠杆，只有它才能集中地表现出德育对社会的全部意义，因此，它在德育体系中占有极为重要的地位。过程目标是德育体系中的局部或阶段性目标。在二者的关系中，其一，要坚持过程目标以终极目标为指导的原则。砖瓦只有用于建造大厦才能体现其自身的意义，细流只有汇入江海才能托起巨大的航船。过程目标只有与终极目标联结起来，才能培养社会主义事业接班人和建设者的必备素质。因此，过程目标要转化成终极目标的有机组成部分，就必须以终极目标为指导原则。当然，过程目标虽不像终极目标那样在德育目标体系中占有最高地位，也不能表明德育对于社会的全部意义，但过程目标具有强烈的直接性和现实性。没有过程目标，终极目标就会成为空泛的抽象。反之，我们也不能将过程目标脱离终极目标并将其作为终极目标来追求。因为一旦失去终极目标的统摄，过程目标就失去了正确的指导，就会随着人们功利性的追求而成为盲目活动。为此，德育工作者必须树立牢固的终极目标观念，以终极目标统率过程目标，根据终极目标的要求对德育对象施加有目的、有计划的影响。其二，终极目标要以过程目标为中介基础。因为过程目标虽是终极目标的逻辑展开，终极目标是过程目标的逻辑起点和逻辑归宿，但是，没有一定的过程目标的演绎积累，终极目标是不可能形成的。在过去的德育实践中，广大师生都曾抱怨过规定的德育目标过高、过于笼统、过于求全，这说明过去的德育目标过于注重总目标的确定，而忽略了对过程目标的细化与衔接。因此，我们必须重视过程目标的制定。同时，在制定过程目标时，要注意使目标与受教育者的内在需要相结合，与受教育者的成长、思想和心理的发展层次相结合。离开了这两个结合，任何目标都会流于形式。此外，也要注意过程目标之间的衔接与连贯，以保证每一个过程目标与终极目标的逻辑一致性。事实上，终极目标的内容与形成状况，一般不会超越过程目标提供的可能性空间。终极目标虽是过程目标的最终归宿，是在过程目标逻辑发展基础上形成的，但它不是过程目标的简单集合，而是由过程目标抽象和升华生成的。这就是说，如果忽视过程目标，只强调终极目标在德育中的作用，忽视对人才的过程培养，或对人才的培养急于求成，幻想人的德性修养在某一刻突然达到理想水平，那么，最终将破坏终极目标赖以形成的基础，使终极目标成为无源之水、无本之木。

这样的德育过程实际上处于盲目状态，必然会给德育工作者和受教育者带来极大危害。

（二）首位目标与非首位目标的关系

学校的党团组织和所有的教员都要做好学生的政治思想工作。将政治方向放在第一位，实际就是将德育中的政治目标放在德育部分目标中的首位，成为首位目标。政治目标外的其他几个目标也就成了非首位目标。

德育的基本内容在内涵上和实践中无疑是互相联系、互相渗透的，但其各自的本质意义又是有区别的，不能相互混淆和替代。在德育内容上，显然是将政治方面的目标当作首位目标，其他目标当作非首位目标。但是，在德育实践和德育活动中，非首位目标并不意味着不重要。既不能以首位的政治方面的目标代替非首位目标，也不能使非首位目标泛政治化，更不能在新的市场经济发展的社会条件下只注意发展道德、心理健康方面的非首位目标，而忽略政治方面的目标。我们只有协调好德育目标部分间的关系，才能使德育健康发展。实际上，就政治教育目标而言，仅靠纯粹的政治教育是行不通的，而是要以其他部分目标方面的教育为基础、为条件；离开其他方面的支撑，政治教育难以落到实处。

需要明确指出的是，阐明德育目标部分间的首位目标与非首位目标，并不是说在德育活动的各层次、各序列都要过分强调首位目标。德育的内涵是丰富的，德育总是全方位地运行着，德育目标中的各层次、各部分都可能根据不同历史时期的实际和主客观需要而变化发展，加强或着重某一方面的教育不仅是可能的，而且是必要的。

在处理德育目标层次间、部分间的辩证问题时，要善于运用历史唯物主义和唯物辩证法的基本观点，不能把德育目标系统中的问题简单化、片面化。只有这样，才能使德育目标系统日益完善与科学，才能更好地满足新时期各方面对德育教育的新要求，为培养全面发展的具有较高德性素质的人才做出贡献。

第三节 德育教育的重要意义

大学时期是人生道德意识形成、发展和成熟的重要阶段，在这个时期形成的思想道德观念对人的影响颇大。高校德育教育对大学生的成长至关重要，正确的道德认知是处理好个人与他人、个人与社会之间关系的行为规范，以及实现自我完善的一种重要精神力量，更是提高人的精神境界、促进人的自我完善、推动人的全面发展的内在动力。由此可以看出，高校德育教育很重要。加强对大学生的思想道德教育，培养他们牢固树立社会主义荣辱观，对于他们成人、成才十分重要。

一、德育教育保证个体培养的正确方向，促进个人全面发展

德育，即思想、政治、道德方面的教育，德育教育对保证个体培养的正确方向，促进

个人全面发展起主导性作用。目前我国社会各界关于思想道德修养建设的呼声越来越高，当代的高校大学生作为高素质人才，不仅要具备高超的专业技能，而且应具备良好、全面的道德品质。思想政治教育在各级各类学校都要摆在重要地位，任何时候都不能放松和削弱。要说素质，思想政治素质是最重要的素质。不断培养学生的爱国主义、集体主义、社会主义思想，这是素质教育的灵魂。思想政治教育和德育工作之所以重要，是因为它是一项塑造人的灵魂的工程，是教学生如何做人的工作。大学生德育教育是大学生形成良好道德品质的重要途径。一个人有什么样的道德行为，与他所受的德育教育分不开。一个人的大学阶段是培养其道德品质的最重要环节，无论在理论、实践还是在情感、心理上，大学生都非常容易接受正面的教育，大学阶段同时也是思想和行为定位的重要时段，这一阶段所接受的教育和文化熏染可以影响一个人一生的思想道德品质和价值取向。对大学生加强德育教育，是构建和谐社会的客观要求。和谐社会是指人与自然、人与社会、人与自身关系全面协调并在全社会范围内达到和谐融洽的社会状态。大学生是时代青年的佼佼者，走向社会后，他们的道德品质将直接影响整个社会的道德品质状况。对大学生加强德育教育并且提高其思想政治素质，已经不仅仅是党和国家的战略要求，也是培育我国社会主义事业的建设者和接班人的必然要求。当代大学生都成长于我国经济和社会的大变革时期，他们思想活动和心理状态的独立性、多变性、差异性非常明显。同时，在学习、生活、成长等方面他们面临着很多矛盾和困惑，很多大学生错误地认为就业不顺利仅仅是知识掌握、个人能力、面试技巧的问题。其实，造成这种局面还有一个重要原因，即其思想道德素质不符合用人单位的要求。因此，高校要加强对大学生及时、正确的德育引导，使当代大学生树立正确的世界观、人生观、道德观和价值观。

二、高校实施素质教育应突出德育教育在素质教育中的首要地位

培养人才是大学的根本任务。大学教育担负着培养人才的重任，大学德育则担负着培养高品德、高素质人才的重任。大学教育是大学德育的基础，大学德育融于大学教育，居教育之首，引领教育的方向。在中国，我们党的教育方针历来强调德育的意义和学生德智体美劳全面发展，强调教育的德育方向。育人为本，德育为先，这就是我们的首要理念。

21世纪是培养高素质人才的新世纪，德育教育在树立大学生正确的意识形态、形成以社会主义核心体系为价值观的过程中具有十分重要的作用。在素质教育中，德育起着决定性、主导性的作用。思想道德素质对于调动和发挥人们其他素质潜能，起着价值导向和调控作用，它决定着人的综合素质。所以说，以理想、信念、道德、世界观、人生观、价值观为主要内容的思想道德素质，是人的素质系统中最具影响力的要素，它关系到今后一

个人的为人之道、处世之道。加强对大学生的德育教育，是培养高素质人才的需要。从人才培养的规律来看，大学生在校学习期间，是其世界观、人生观、价值观形成的关键时期，此时加强大学生德育，对于树立其正确的世界观、人生观、价值观具有决定性的意义，对于提高大学生识别和抵制错误思想倾向的能力，具有十分重要的作用。当今大学生容易受到互联网等新兴媒体的影响，缺乏社会实践经验，对自媒体等媒体的一些报道不能正确理解和对待，往往容易产生偏见，从而影响自己的世界观、人生观和价值观，并可能出现政治信仰迷茫、思想信念糊涂、社会责任感缺乏、艰苦奋斗精神淡化、团结协作观念差等不良品质。从当今大学生的成长环境来说，也需要对大学生加强德育教育。

三、德育教育能帮助学生成为国之栋梁

在大学阶段加强对大学生的德育教育，能使他们具备良好的思想道德品质，真正成为国家的栋梁之材。教育是民族振兴、社会进步的基石。人一生下来就需要学习，接受各种各样的教育，学习和教育是伴随人的一生的。教育也是提高国民素质、促进人的全面发展的根本途径。坚持德育为先，不断推进素质教育，是教育改革发展的战略主题，也是贯彻党的教育方针的时代要求。学校的根本任务是培养人，以德育人既是培养人才的重要手段，也是培养人才的重要目的。德育工作始终要围绕解决学生"做什么人、走什么路、为什么学"的问题。高等学校是培养中国特色社会主义合格建设者和可靠接班人的重要"摇篮"，其必须重视德育教育，必须切实加强和改进大学生的思想政治教育工作。当今社会，我们既可喜地看到当代大学生在大是大非和重大灾害面前展现出良好的政治素质、强烈的爱国情怀和高尚的精神风貌，但同时应该看到部分学生的思想观念、价值取向在市场经济的作用下出现了新变化，他们对一些重大问题还存在模糊甚至是错误的认识。因此，要加强对大学生的德育教育，让他们具备良好的思想道德品质，成为国家的人才。总之，高校必须始终保持清醒的头脑，以提升德育教育质量为重要途径，克服多方面因素形成的新挑战和新问题，更好地帮助学生健康成长和成才。

我们常常把学校教育分为德育、智育、体育等几个主要的方面。在学校教育中，智育重在对人智力的开发，这是培养创新人才才智的主要手段，它主要是通过课堂教学来实现的。德育是政治教育、思想教育和品德教育的集合，现在也有人把心理健康教育归为德育。长期以来，学校教育总是人为地把德育与其他教育割裂开来，把德育当作学校分工中的一个门类，总是把"教学"放在一切工作的中心地位，这种"教学崇拜"有不断加强的趋势，使学生才智因素的培养有了观念和行动上的保障，但在此情况下，学生非才智因素的培养工作就会弱化，这是必须解决的问题，加强德育就是为了应对这一问题的。事实上，德育

属于教育目的的范畴，它不是学校的一种工作，而是学校一切工作的归宿，是学校一切工作的最终目的之一。因此，在培养创新人才的过程中，要把德育渗透到各种教育中，使其相互联系、密切协调，实现共同育人的目的。

塑造人类的精神和铸造人的灵魂是时代赋予教育的重要任务。不少人往往有这样一种思想误区，即把学生道德的有无，局限在对人的意志与行为是否有限制与防范上，将道德教育变为空洞的说教和粗暴的灌输。这种观点通过强硬的纪律约束、严密的管理程序、量化的评价手段和无情的惩戒措施，严格地控制了学生的道德行为和道德成长，无视人的价值内涵和精神品性，把本应温情脉脉的道德教育变为琐碎的行为训练和消极防范。毋庸置疑，信息时代对人的要求之高是前所未有的，道德的社会作用之大是前所未有的，道德教育的紧迫也是前所未有的。人的全面发展首先是德育的发展，因此学校教育不可能少了德育。

学校德育是个系统工程，主要体现在其内容和实施途径上。就内容来说，学校德育应该包括爱党、爱国、爱人民、爱劳动、爱科学、勤奋学习、遵纪守法、心理健康等各方面；就实施途径而言，学校德育是以专门的思想品德课为主，各学科渗透，充分利用校内团队、各种群体组织和集会、节日庆典、升降旗仪式、晨会和课外活动等形式落实的。

实施素质教育首先是思想观念的转变，而思想观念转变的一个重要途径就是在实施素质教育的过程中进行德育渗透，充分利用素质教育的主阵地——课堂，对实施素质教育的主体——学生，进行思想渗透。如何加强高校各学科的德育渗透，是当前教育改革一个亟待解决的重要课题。

在全社会普遍重视加强和改进大学生思想道德建设的大氛围下，学校作为专职教育单位，"把德育放在学校一切工作的首位"已是共识。加强对学生进行政治教育、思想教育、道德教育、法纪教育和心理品质教育，对促进学生全面发展起着主导性作用。为了树立"课课有德育，人人是德育工作者"这一教育理念，教育工作者应积极开展"各学科渗透德育"工作，拓展德育阵地，增添德育渠道，丰富德育形式，扩充德育内容，使学校传统美德特色教育在学科渗透中增添新的时代内涵，在加强和改进大学生思想道德建设中发挥重要作用。"人之初，性本善；性相近，习相远"，由此来看，人的一生，"习"性教化可谓最重要。一个人从出生到入学属于童年时期，是启蒙阶段，主要受教于家庭环境和父母；从入学到毕业属于青少年时期，是成长阶段，主要受教于学校环境和教师；从学校毕业以后属于成年时期，是工作阶段，主要受教于社会环境和自我教育，以至终身。一个人跨入社会后的成人期，其工作、生活、为人处世的"德性"，主要来自前两段时期的"教化"。那么，学校教育在整个人生长河中起到什么具体作用呢？本书认为，学校教育主要应起补救、输送、升华的作用。因此，对于人生中间阶段的学校教育，就要针对每个学生家庭教育的现状，及时采取补救、输送、升华的措施，这应成为学校德育工作的主导思想。

学校德育的职能主要是输送和升华。家教如溪流，优劣如清浊，学校教育如江河，我们应集泉纳溪、汇流成河，以保证学生融入集体，循着正途奔向人生的海洋，避免其流进沼泽、误入歧途。学校德育是个系统工程，整个人生道德、行为习惯的养成主要是在学校教育阶段获得。学校德育的升华教育就是要把每个人潜在的道德意识从原始状态提升到理性认识，并进一步养成每个人的自发性的行为习惯，使其成为每个人跨入社会后各项工作得以顺利进行的重要保证。学校德育是人生道德养成过程中最重要的一环，因此每一位教育工作者都应认真贯彻落实党和国家的教育方针，始终把德育工作作为学校工作的首要任务来抓，为把每个学生都培养成对社会有用的合格公民而努力。

第四节 新时期高校德育的实效性

在德育教育体系中，德育的内容有"现代德育"与"传统德育"之分。有人把现代德育称为"大德育"，是指通过知识传授、观念养成、性格培养等途径来提高受教育者在思想观念、政治意识、行为规范、心理调适等方面的素质。它超越了以往单纯的以道德修身、观念养成为主要内容的传统德育观念，涵盖思想教育、心理教育、思维教育、道德教育、社会交往教育。它强调人格的不断健全与完善、内在身心潜能的发展，教育学生如何做人、如何做事、如何思考，并使他们的思想道德素质、文化素质和身体心理素质得到提高和完善。

大学生是实现国家富强、民族振兴的宝贵人才，是实现中华民族伟大复兴"中国梦"的中坚力量。纵观德育教育的发展历程，当前大学生德育工作取得了显著的成绩，大学生思想主流积极、健康、向上。但是，随着近年来国内外形势的发展变化，大学生德育的新情况、新问题不断涌现，大学生德育工作的实效性受到挑战。因此，如何增强新形势下大学生德育工作的实效性，以更好地促进大学生综合素质的发展和整个社会的进步，成为当前亟待研究和解决的重要课题。

一、高校德育实效性概念

德育这项实践活动所取得的实际效果被称为德育实效性中的"实效"。具体来说，德育实效性是指通过投入一定的人、财、物、时间等，获得最佳的效果和最大的好处，即德育目标在特定的环境条件下的实现程度。如果对改善学生的道德素质产生了积极的推动作用，那么德育就是有实效性的；若没有产生推动作用，那么德育就没有产生实效性。高校德育的实效性，是高校德育工作者通过课堂等主渠道将德育理论传授给在校学生，让学生通过自我的学习和感悟，将其转化为自身内在的道德素质，再通过一定的德育实践，将这种内在的道德素质转化为生活中的日常行为的程度。

二、提高高校德育教育实效性的对策

德育可以说是学校教育的灵魂和先导，它与智育、美育、体育、劳育相互联系、彼此渗透，对学生的全面发展和健康成长起着重要作用。因此，相关人员必须高度重视德育教育，把德育教育工作放在学校工作的首位。但新时期德育工作的环境已经发生了很大的变化，学校需要与时俱进，相应地转变工作方法。

（一）增强学校重视程度，完善德育工作机制

1. 加强领导，完善德育工作机制

学校应该建立完善的德育管理体制和工作机制，把学校党委作为德育工作的领导核心，成立以学校党委为首的德育工作领导小组，由领导小组负责德育工作方针、德育工作任务和总体规划的研究、制订，形成党委统一领导、党政齐抓共管、全校紧密配合、上下共同推进的德育工作体制。高校应建立系统的德育教育体系，明确目标，细化责任，在全校范围内广泛推行，营造良好的育人氛围；引导全体教职工共同履行以人为本的德育教育原则，制定相应的制度，比如在评聘职称时的制度倾斜，鼓励更多品德高尚、敢作为、有能力的优秀教师加入德育教育队伍，让更多的人来关注德育教育工作，真正实现"育人为本，德育为先"。

2. 加强德育工作队伍建设，努力打造一支专业化、职业化的德育工作队伍

德育工作队伍是高校德育教育的组织保障，高校的德育教育工作除了学校党委的重视外，主要依靠德育工作队伍来完成。当前的德育工作人员主要是学校的党政干部、"两课"（我国现阶段在普通高校开设的马克思主义理论课和思想政治教育课）教师、辅导员和班主任，他们往往身兼数职，工作任务繁重，很难抽出专门的时间和精力来对学生开展德育教育。高校党委应高度重视，加强组织领导，真正把德育工作放在首位，采取切实措施，培养一支具有坚定的政治方向、扎实的理论功底、敢于开拓创新的德育工作队伍，提高其职业化和专业化水平，使这支德育队伍真正成为大学生健康成长的指导者和全面发展的引路人。学校领导层应从各个方面给予德育工作队伍适度的关心，适当倾斜待遇，提高德育工作岗位的吸引力，吸引更多的教师加入，不断扩大和充实德育工作队伍，真正建立起一支高水平的德育工作队伍。同时，应适时地对德育工作者进行培训，统一其思想，提高其

认识，使之在掌握德育理论知识的同时积极开展学术研究，真正成为德育领域的专家，增强其归属感和使命感，提高德育工作队伍的稳定性，从而真正实现德育工作队伍的职业化、专业化。

（二）充分发挥德育教师的人格示范作用，营造全员育人氛围

对学生来说，学习知识固然重要，但具备良好的人格和品德更重要，一个品德低下、道德败坏的人是不会赢得他人的尊重，成就自己的人生的。大量事实也说明，人的良知一旦泯灭，道德出现问题，学再多的知识也是没有用的；育人一旦失败，教再好的学问也是徒劳的。在学生成长的道路上，教师要肩负起相应的责任。

学高为师，身正为范。教师的一言一行、一举一动都对学生有着强大的示范作用和潜移默化的影响。因此，我们必须加强高校教师的思想道德建设和职业道德建设，提高教师的道德修养和综合素质，不断提高德育工作人员师德修养，充分发挥教师的人格示范作用，树立以人为本的服务意识，做到为人师表、言传身教，通过教师的人格示范作用培养学生正确的为人处世的态度，使教师成为学生崇拜的对象、信赖的朋友，从而达到成功传递科学的道德观念和价值标准的德育教育目标。我们应强化"育人为本，德育为先"的理念，让更多的教职工参与到德育教育队伍中，把全员育人、全方位育人的思想贯穿到学校教学、管理、服务各个方面，努力形成全员参与、齐抓共管的良好德育氛围。

（三）创新德育内容，改进德育教育方法，增强德育实践

1. 创新德育内容

当前的德育教材内容相对滞后，对学生缺乏吸引力和感染力，并且普遍存在着以说教、灌输为主的方法，学生处于一种被动接受的状态，这些都影响了德育教育的效果。我们应积极地创新德育教育内容，注重与时俱进，不断挖掘当前社会热点中所包含的德育素材，利用身边的德育资源，将德育教育渗透到学生生活的方方面面，而不是单纯地停留在教材的"理论"或"概念"上；合理地借鉴国外优秀的德育理论和德育教育方法，丰富德育教育方法和形式；注重中国优秀传统文化的传承和启迪作用，让学生深刻领会和感受传统文化的魅力，乐意接受并传承传统文化中的精髓，并能将之转化为内心自觉的信念和实际行动。新时期高校道德教育内容要贴近学生的生活实际，满足学生的现实需要，充分彰显"以人为本"的德育理念，只有这样才能真正走进学生的心灵，启迪学生的道德思维，深化其已有的道德认识，增强其道德选择和判断能力，从而培养其良好的道德行为习惯，增强德育教育效果。

2. 改进德育教育方法，增强德育实践

德育教育不仅要传授知识，示范行为、使学生"知其然"，还应该让学生"知其所以然"。在具体的教育方法上，要改变传统的灌输模式，采取多样化的教育手段，可运用案例分析、小组讨论、演讲、辩论等方法，增强学生的参与热情，调动学生学习的积极性和主动性，使学生成为道德认知的主角；积极组织学生参加道德实践活动，通过志愿者服务、假期社会实践、与福利院孤寡老人及社区"空巢老人"结对帮扶等活动，让学生认识到自我修养的必要性，从而使学生对德育教育内容内化于心、外化于行。德育教育方法应贴近社会、贴近生活、贴近学生的实际，适应大学生的成长特点。在德育课程教学中，还可以探索德育教师与团委、学生社团联合开展活动的方式，在德育实践活动中让德育课老师参与活动的设计和规划，并全程跟踪和指导，把课堂教学内容融入社会实践活动，实现理论向实践能力的转化，帮助大学生认识社会、服务社会，在实践中强化道德内容、巩固道德信念，并建立科学的评价体系，将实践表现计入德育课成绩，以增强德育教育的实践效果。总之，德育教育只有从态度、形式、内容、方法等多方面加以改进，做到与时俱进，才能真正发挥应有的育人作用，达到预期效果。

（四）确定恰当的德育目标，优化德育环境

1. 确定恰当的德育目标

德育目标是德育工作的出发点和落脚点。社会对人的道德发展要求是多层次的，学生道德发展水平也是一个由他律到自律逐渐完善的过程。要求所有的学生不分阶段、不分层次都达到同样的道德高度和水平是不合理的。高校德育目标的确立必须遵循德育规律，不但要立足现实，密切联系当今时代背景，而且要符合当代大学生身心发展规律，有计划、分层次地进行。因此，高校德育工作者必须重视德育目标中的层次性问题，充分认识德育工作的阶段性和渐进性特征，增强德育的针对性，分层次确定恰当的德育目标，满足不同道德层次的需要，比如对学生中处于精英层次的优秀学生及学生干部，由于他们在同学中起着示范作用，对他们的德育目标可适当地提高，以便让他们有更高的追求，而对于表现欠佳的学生，则可适当地降低对他的德育目标，让其先从基本的人格修养和公民素养做起，从而提高德育的实效性和针对性。

从总体上来看，高校的基本德育目标应划分为两个层面：基础目标应体现"如何做人"，即要求大学生具有基本的人格修养和公民素养，使之具备诚实守信、遵纪守法、爱国敬业等品质；高层次的目标则是"如何做一个高尚的人"，即要求大学生树立远大的理想抱负，具有为国家、为人民无私奉献的精神，具有为人民服务的高尚品质。当前的德育教育要抓

好基础层次的道德教育，将其放在首位，即分阶段、分层次、循序渐进地培养学生基本的人格修养和公民道德，使学生更好、更快地向更高层次的道德目标迈进，从而实现高等学校的德育目标，真正实现立德树人。

具体来讲，德育目标要求学生具备坚定的政治方向和政治态度，坚定不移地走中国特色社会主义道路，具备为实现中华民族伟大复兴"中国梦"而奋斗的政治素质；具备正确的世界观、人生观、价值观和自觉承担历史使命和时代责任的思想素质；具备遵守社会主义道德规范、继承发扬中华民族优秀道德传统、符合社会主义道德风尚的道德素质；具备积极认知能力、健全人格、良好自我调节能力和社会适应能力等健康的心理素质，从而促进大学生全面成长和成才。

2. 优化德育环境

德育环境是指对德育实施和效果产生影响的各种外部因素，包括宏观环境和微观环境两个方面。宏观环境包括社会环境、家庭环境和网络环境等，主要是意识形态领域对高校德育产生的影响范围；微观环境指的是高校内部环境，包括学校的教学环境、校园文化环境、管理环境、服务环境等。高校的德育教育主要是通过微观环境将德育渗透到学校各个环节，通过教书育人、管理育人、服务育人对德育对象产生潜移默化的影响，以达到德育教育的目的。

首先，优化高校德育的宏观环境。国家高度重视对德育教育的宣传和引导，积极引导学生正确认识国际、国内形势，营造正确的舆论氛围，运用新媒体加强网络教育，净化网络，对社会现实问题加以分析和探讨，有针对性地为学生解惑答疑，提高学生辨别是非的能力。重视家庭教育，家庭教育对于学生的成长、成才起着至关重要的作用，当前的家庭教育普遍存在着重智轻德的现象，需要学校与家庭加强联系，转变家庭教育观念，优化学生的成长环境。

其次，优化高校德育的微观环境。高校要大力加强教风、学风和校风建设，积极开展文明有益的校园文化活动，优化育人氛围，净化校园环境，积极培育大学精神，加强人文关怀，丰富校园文化活动，强化校园的制度文化，切实加强校园环境建设。此外，高校要充分调动全体教职员工的积极性，真正实现全方位、全过程、全员育人，充分发挥宣传舆论的导向和宣传作用，创造良好的育人环境。

最后，作为大学生思想品德形成、发展的重要外部因素，高校德育环境对高校德育工作有着重要影响。大学阶段是青年学生思想成熟、人格完善的重要时期，高校德育环境的优劣将直接影响到大学生人生观、世界观和价值观的建立。伴随着社会的快速发展和新媒体时代的到来，青年学生的成长环境发生着巨大改变，德育工作者要正视当前德育环境的变化，充分利用媒体、网络等资源，加强正面宣传，积极营造良好的社会舆论氛围，不断优化德育环境，改进德育目标，实行显性教育和隐性教育相结合的方式，让学生在潜移默化中接受德育，并将其内化到自己的行为之中。

（五）创新德育理念，把社会主义核心价值体系融入高校德育

1. 创新德育理念

新时期高校德育教育要紧密结合社会实际，树立以人为本的德育理念。高校德育教育要充分尊重大学生的主体性地位，积极地转变观念，将学生的被动接受转变为主动学习。高校德育内容要贴近社会、贴近生活、贴近实际，教师在德育引导的过程中需要切实加强与学生的沟通和交流，加强人文关怀和情感投入，找准着力点，让德育教育不仅能解决学生较深层次的思想问题，而且能解决其生活中的实际问题，遵循德育教育的规律，融入社会主义核心价值观，引导大学生学会主动选择，充分发挥自我教育能力。通过一系列科学的、行之有效的方法、举措和途径，帮助大学生树立新的德育理念，使之真正做到道德信念内化于心、外化于行。

2. 引导学生积极培育和践行社会主义核心价值观

青年可以说是这个社会中最活跃的群体，也是代表现在、影响未来的关键人群，倘若能用社会主义核心价值体系引领青年人的思潮，也就在很大程度上成功引领了整个社会意识的走向。

（六）构建高校、社会、家庭三位一体的德育教育模式

德育教育作为一个庞大的教育体系，不是单纯地依靠某个机构或某些人就能完成的，它应该是一个系统工程，学校、社会、家庭等因素都会对它产生影响，任何一方面的作用都不可小觑，如果仅有单方面的力量是很难达到预期效果的，因此学校、家庭和社会三方力量应当形成合力，齐抓共管，只有这样才能实现德育教育的最大效力，才能真正创造出高校德育教育的良好局面。

1. 抓住学校德育主阵地

学校教育可以说是德育教育的主渠道、主阵地，当前的德育教育主要还是通过高校的"两课"课堂、学校的号召宣传、校园文化的浸润、德育工作者的教育引导来进行，不同的学校虽然重视程度不同、采取政策不同、教育效果不同，但我们都无法忽视学校在德育教育中的主阵地作用。传统的学校德育虽然存在诸多弊端，但仍是进行德育教育的主要阵地。我们应该深刻认识到学校对学生的培养作用，积极创新教育模式和手段，加大投入，

真正发挥学校在德育教育中的主阵地作用。学校党委应提高认识，完善德育教育工作体制，打造"全员育人、全方位育人、全过程育人"的良好格局，实行常规教育（包括爱国主义教育、理想信念教育、思想道德教育、心理健康教育等）和专题教育（包括遵纪守法教育、诚实守信教育、网络道德教育、感恩教育、社会责任教育等）相结合的教育模式，并针对不同学生的不同特点，分阶段、分年级进行。另外，思想政治理论课是各专业学生必修的基础课，要重视它的作用，并且在专业课的讲授中充分挖掘课程中的德育因素，有机渗透德育内容，强化学科的德育功能；积极开展专业实践活动，融入人生理想、完善品格、社会责任等方面的教育，不断丰富学校德育教学内容、方式和手段，切实将其应有的作用发挥出来，提高德育教育的实效性。

2. 转换德育方式，保证学生的主体地位

在新时期，教师要尊重学生的主体性、能动性、多样性，以"以人为本"思想为指导开展德育工作。为此，教师需要树立师生平等的观念，从学生的思想实际出发，以服务者的身份教育学生、管理学生。在此基础上，创造条件，给予学生更多的自由发展空间和思考空间，培养学生的主体意识。同时，教师应及时了解学生的思想状况、学习状况等，与学生加强交流，为选用合适的德育方式做好铺垫。

3. 加强社会德育正向引导

作为高校德育教育的大环境，社会对高校学生德育教育的影响是巨大的、无形的。我们要充分意识到社会这个大环境的作用，把社会作为学生德育教育的基础，积极营造良好的社会舆论氛围，加强社会公德、社会责任、公民意识的教育引导，多传播正能量，树立正确的荣辱观，让学生更好地感受到社会这个大环境所营造的德育氛围；国家加强对主流媒体的监管，清理网络空间，及时遏制网络中不良信息的传播，弘扬正气，营造良好的舆论氛围；通过社会考察、社区服务等社会实践形式来增强教育效果，积极挖掘社会中的德育资源，发现典型，树立典型，发挥榜样的示范作用，聘任模范的校外兼职辅导员对学生开展德育教育；积极联系爱国主义教育基地、德育实践基地、社区等德育教育基础场所，开展德育实践活动，比如在社区开展志愿者帮扶、公益爱心、社会主义核心价值观宣讲等活动，让学生自己去挖掘身边的好人好事、道德模范，发挥普通人的榜样示范作用，这有利于青年大学生接触和了解社会，有利于其道德观念的形成，并有利于其将道德观念外显为行为。

4. 强化家庭德育教育

家庭教育也是德育教育不容忽视的重要渠道。在大学阶段，我们常常会忽视家庭教育对学生成长的作用，学校和家庭之间由于时间和空间的原因，普遍缺乏联系，但是家庭教育对学生的德育教育起着非常关键的作用。由于血缘关系，家长和子女之间有着密切的情感联系，父母可以通过言传身教的方式对学生进行德育教育，起到德育教育中社会和学校无法替代的作用。大学阶段是青年学生人格养成和价值观形成的一个重要阶段，家长不应放松对子女的教育。作为高校，应积极地呼吁家长多关注看似独立的大学生，家长要及时了解子女的思想动态和心理状况，发现问题及时向教师反馈。在教育上，家长不能仅仅关注子女的学业成绩，更应该关注子女的现实表现和道德养成，改变以往单一、强硬的教育管理模式，结合子女的性格特点，做好积极沟通。家庭教育在学生德育教育中发挥着不可替代的作用，具有独特性，但是在家庭德育教育的过程中，由于不同家庭的文化层次不同，家长素质不同，教育模式也千差万别，时常会出现随意性、盲目性等问题，这也需要学校加以引导，学校应加强与学生家庭的沟通和联系，建立有效的家庭——学校合作机制。比如建立家校联合制度，请学生家长在新生报到、学年结束、毕业典礼等适当的时机来学校参观考察，了解学校的办学模式和教育重点，让他们积极关注学校网站，了解学校的发展动态、学生的学业水平、学生的在校表现等；建立家长的聊天群、微信群，设立家长委员会等，及时与家长取得联系和沟通，及时反馈学生的在校表现，尤其是一些贫困生、有心理问题的学生；通过召开家长代表座谈会、网络视频会谈、电话访问等方式，加强与家长的沟通与联系，形成家庭与学校德育教育的良好互动机制。

学校、社会和家庭构成了德育教育的全面网络，在时间、空间上几乎覆盖了学生的全部生活，但三者有着各自不同的优势，也存在着各种不足，若想实现德育教育的良好效果，提升德育教育的实效性，就要将社会德育、学校德育和家庭德育有机结合在一起，实现优势互补，从而形成德育合力。我们应积极构建"以学校德育教育为主导，以家庭德育为基础，以社会德育为依托，以学生为德育教育的主体"三位一体的教育模式，实施全方位的德育教育，不断创新教育内容、教育方法和教育手段，进而从整体上提升德育教育的实效性。

5. 学校、家庭、社会齐抓共管，营造良好的德育氛围

德育在大学生自我价值观、道德观养成过程中所占有的地位是非常突出的，此外，家庭、社会等因素也对大学生道德观的形成有一定的影响。因此，家庭、学校和社会需要共同努力，营造良好的德育氛围，让学生能够在生活和学习中感受道德的力量。学校、家庭、社会基本涵盖了学生日常生活的各个部分，其在推进德育的过程中各有优势，但是不足的地方也相对突出，相关教育者只有促进三者的有效结合，才能够最大限度地发挥德育的有效性。

在营造社会氛围的过程中，要积极发挥大众媒体的作用，多宣扬正能量，让学生从大众媒体了解到培养自我道德的重要性。在对学校德育氛围进行构建的过程中，则要把重点

放在建设学校文化上，通过校内刊物、校内讲座等多种形式加强学生的道德观念。至于家庭氛围的营造，则需要家长以身作则，对大学生进行充分引导，为其塑造正确的价值观奠定基础。

6. 更新德育的内容，让德育和生活紧密相连

道德的发展会受各个时期各种各样因素的影响。高校在实施德育的过程中，也需要考虑德育内容是否贴合学生实际。在开展德育工作的过程中，相关教育者要联系大学生的思想实际，尽可能地使德育内容和生活贴近，这对于大学生解决实际问题是非常重要的。为更新德育内容，高校应从德育的一般培养目标出发，根据德育工作的实际，分层次、有重点地确定具体的德育工作目标和内容。

一般情况下，高校德育工作的目标在横向上分为道德教育、法纪教育、心理教育、思想教育、政治教育五项常规内容；纵向上按年级从低到高层层递进。譬如，对刚踏入校园的学生进行德育教育时，可以把重点放在提升学生自我约束能力上；对即将踏入社会、步入工作岗位的学生进行德育教育，则应把德育内容放在促使学生爱岗敬业及提升学生的责任心上。

除了常规的德育内容，还要注重德育内容的与时俱进，要根据新的教育观念纳入新的德育内容。只有及时地根据学生的年龄和特性对德育内容进行更新，才能够最大限度地确保德育的实效性。

德育对学生素质的提高起着极为关键的作用，是学生自我不断发展的重要途径，也是学校应尽的义务。青年大学生的道德素质对于国家的发展极为重要，但当下高校的德育在实效性等方面还存在欠缺。因此，德育工作者必须加强对德育的重视，积极完善德育系统，尽可能地保证所采取的德育措施能够符合相关教育实际，为德育作用的发挥奠定基础。

德育对于学生自身素质的提高是非常重要的，这是学生不断提升自我发展的重要途径，因此，学校必须加强重视。在传统的教育模式中，师生是很少进行交流的，这就使得教师不能及时地了解学生的想法，进而不能及时地对现有的德育方法进行调整。相关德育措施的采取则能够让学生更好地利用道德观念对自我行为进行约束，这对于学生的全面发展是极为重要的。

第五节 大学生德育的教育途径

当今时代，综合国力的竞争日渐向教育深度延伸，高等教育的发展已成为衡量一个国家经济社会发展水平的重要指标。因此，我们需要加强大学的道德建设，加强教师的治学道德和培养学生的道德推理能力，将知识与道德结合起来，建设中国的理想大学。

一、道德的内涵

道德历来都涵盖人的外在行为规范和内在德性培育两个方面。要使行为正当、合理，就必须在个人之外存在某种普遍合理的道德规范，对个人的行为做某些必要的限制。然而，道德不仅限于行为的正当合理。人有情感、有思想、有属于自我的目的追求和私人的生活领地，这就是人的内在道德，它是人类德性追求的人性之源，也是人并不会因为财富而完全得到满足的内在原因。

二、德育的内涵

德育是教育者按一定的社会要求，有目的、有计划地对受教育者的心理施加影响，以培养教育者期望受教育者具有的思想品德的工作。思想品德就其内容而言，包括人们的政治立场、世界观以及道德品质等方面。德育是每个社会都有的现象。其本质都是指个体的伦理修养培养。

三、大学生德育工作取得的成绩

（一）全社会重视大学生德育工作的良好氛围逐渐浓厚

党和国家历来高度重视大学生德育工作，对大学生德育工作的目标任务、途径等做了详细的阐述，对大学生德育工作提出了明确要求，指明了高校德育工作的指导思想、基本原则和主要任务，要求思想政治教育课要发挥在德育工作中的主导作用，拓展新形势下德育工作的有效途径，加强德育工作队伍建设，把德育工作放在高等学校各项工作的首位。

（二）高校大学生德育工作机制初步形成

各高等学校经过长期的实践探索和不断的理论研究，符合各自实际特点的大学生德育工作机制已经形成，初步建立了高校党委统一部署、党政机构齐抓共管、内部各职能部门分工协作的德育管理体制，配备了包括党政干部、大学生思想政治辅导员和思想政治教育课教师的专职德育工作队伍，健全了德育工作考核制度、德育专职人员职称职务晋升制度、德育工作经费保障制度等规章制度。

（三）青年大学生群体的思想主流积极健康

伴随着我国政治经济等领域全面深化改革取得越来越好的成绩，在党的教育下成长起来的青年大学生群体世界观、价值观和人生观积极向上，他们的情感认同、道德归属和价值判断积极健康，认同和拥护社会主义核心价值观，对中国特色社会主义理论体系的信仰越来越牢固，走中国特色社会主义道路实现"中国梦"的信念越来越坚定，对国家政治持续稳定和社会经济持续健康的信心越来越强大。

四、加强学生道德教育的途径

（一）提高教师素质

即使认识到道德问题的重要性，学校聘请教师也并不是以品德作为最高标准的，教师的学术水平仍是最主要的，品德只是一个相对来说比较偶然的因素。学校的聘请制度看重教师自身的学术能力，这无可厚非，但是，对于教师本身的素质来说，"学高为师，身正为范"，教师平时的言行举止、职业操守、行为习惯以及对待学术的态度，对学生来说都具有重要的教育作用。道德教育要复兴，教师一定要训练有素。

（二）授课形式多样化

教师在课堂上如果只是陈述一些道德原理，对学生只是一味地进行思想灌输，这并不能培养学生对道德问题的推理能力，也不能帮助学生及时处理他们生活中遇到的道德问题，而是应将陈述观点的授课形式改为讨论的形式，通过组织课堂讨论来鼓励学生认识道德问题，让学生提出论据，然后进行评估，最终得出一个经过理性思考的结论。详细地讨论有助于揭示一些具体问题。

另外，在课堂上也可以尝试进行道德推理，经过仔细推理，学生可以弄清和解决许多道德问题。例如，针对学生为考试作弊行为辩护的问题，要通过道德推理让他们意识到作弊行为并不会带来评分制度的改革，而只会造成对其他学生的不公平等。

（三）加强理论联系实际

道德教育不能脱离道德实践。我们的道德教育理论工作者多提倡超越物质追求的精神享受。为什么要用古人的道德来"匡正现世"呢？"我们并不缺乏道德的教育，而是缺乏道德教育的道德和道德教育的科学。我们的教育者并不缺乏人格的善，但他们人格的善并不能消除他们所运用的操作程序的恶。"这句话虽然有些偏激，但它却从一个侧面反映了我们的道德教育的弱点。永恒的道德是不存在的，随着社会的发展，道德理论的内容也在不断改变。

学校道德教育是道德建设的主阵地。但是，在欧美高等教育界十分流行的一个思想学派认为，学院或大学的作用是严格意义上的理性作用。高等教育应该充实学生的思想，而不是仅仅使他们形成道德习惯。课堂可以提供对待事物正确的认识态度，但它不是一个培养德性的好场所。培养德性需要实践，实践需要时间。诚然，道德观或道德习惯的养成在很大程度上依赖于课堂之外的诸多因素，如家庭影响、社会政治观点、宗教信仰、朋友、偶像崇拜等。同时，我们也必须承认课堂教学在塑造学生人格方面的作用确实有限，但这并不能成为拒绝开设道德课程的理由。大部分学生的道德表现都得益于他们所受的教育，通过道德教育，他们对道德问题表现得更敏感，能用自身的价值观来处理他们实际生活中所遇到的道德问题。

当大学从社会边缘走到社会中心，其社会功能越来越引人注目，在大学将传授知识、发现知识工作做得很出色的同时，更需要加强其道德建设，加强教师治学道德，培养学生的道德推理能力，将知识与道德紧密地结合起来，建设中国理想的大学。

五、加强大学生德育工作的有效途径

在人类发展的不同历史阶段和不同社会制度中，个体的思想政治与道德教育层面的理论研究和实践锻炼，都是促进社会发展的重要环节，譬如古代思想家倡导的"仁义礼智信""得道多助，失道寡助"等理念，近代教育家倡导的"品性教育""训育"等概念。随着时代的发展，"德育"的概念一直没有定论，有人认为德育就是思想政治工作，有人认为德育应该是道德教育，还有人认为德育其实是人的品德教育等。教育层面的德育就是，学校中以培养学生思想品德为目的的那一部分工作。社会主义学校的德育，一般包括政治教育、思想教育、道德教育三个方面。基于此，大学生德育应该是学校根据大学生的生理和心理特点，依据思想品德形成的规律和特点，对大学生进行的思想、政治、品德等全方位的素质教育。

（一）重视课堂教育

课堂教育包括思想政治教育课、专业课渗透和公共选修课等。思想政治教育课是大学生德育工作的主渠道和主阵地，在培养大学生树立正确世界观、人生观、价值观方面发挥着重要作用，中国特色社会主义理论体系、"中国梦"教育等应该成为思想政治教育课的核心内容。专业课渗透要求授课教师将德育教育内容有机融合到各专业课程，通过系统讲授专业知识对学生思想品德起到潜移默化的作用，从而挖掘专业方面具有思想性的内容，对学生进行道德教育。公共选修课应当侧重对大学生进行人文精神培养，人文精神是锤炼大学生思想品德的重要内容，高校要多开设人文社会科学学科的选修课程，把选修课作为提高大学生修养和道德境界的重要渠道。

（二）强化党团工作

党团工作包括基层党团组织建设、党校团校培训、党团主题教育活动等。党团工作对坚持中国特色社会主义办学方向、落实立德树人的根本任务具有关键的作用。高校党委必须加强对学生德育工作的领导，贯彻落实党的教育方针政策，重视和加强基层党组织的思想建设和组织建设，利用党风党纪教育、党建工作示范点，推动党支部工作创新立项，严格落实"三会一课"制度，优化党员发展等途径，发挥好党组织的战斗堡垒作用，利用党校专题培训、主题报告、党员经常性教育、组织生活会、警示教育等形式，激发党员的先锋模范带头作用。共青团是党的助手和后备军，高校共青团系统要经常组织团员学习中国特色社会主义理论，开展"与信仰对话""青年马克思主义者培养工程""基层团支部达标建设"等形式的活动，带动青年团员坚定跟党走中国特色社会主义道路的信心。此外，要抓好基层党团组织以及共产党员和共青团员的思想、作风建设，通过他们带动和影响全体学生共同进步，从而为大学生德育工作提供强有力的组织保障。

加强大学生德育工作必须完善管理体系。高校对于大学生的管理包括制度建设、日常行为管理、学习管理、公寓社区管理等内容，目的是使学生形成良好的文明习惯、学习态度、道德风尚和生活作风。大学生正处在青春期，自我管理能力还不强，这就要求高校在注重大学生思想政治教育的同时必须辅之以必要的管理手段：第一，应该依据"立德树人"的根本目标，制定符合党的教育方针、教育发展规律和学校实际情况的管理制度，建立和完善各项工作的标准流程和处理途径，确保管理工作的规范化、科学化、制度化。第二，应该将管理教育融入管理的各个环节，将学习管理、文明行为养成教育、公寓社区建设等有机结合起来。比如，在大学生公寓管理中仅把宿舍当作学生的生活空间是无法达到培养学生优秀品德的目标的，而应该将宿舍卫生成绩与学生良好文明行为教育结合起来，将宿舍按时作息制度作为学生学习精力充沛的必要保障，将公寓社区文化建设作为熏陶学生人文修养的重要辅助措施。第三，应该将管理和教育、奖励和惩罚有机结合，注重规章制度的严谨性和工作实施的公开公正，提高学生的公平竞争意识，达到真正教育学生的目的。

大学生德育工作作为实施"立德树人"工程的重要载体，坚持育人为本、德育为先，提出了加强育人的主阵地建设、实施高校思想政治理论课建设标准、推进志愿服务、创新网络思想政治教育等思路。

在整个国家现代化进程中，教育的基础性、先导性和全局性地位，决定了每一个教育工作者在民族复兴的征程上肩负着重大的责任，也决定着高校需要担负起培养德智体美劳全面发展的社会主义事业建设者和接班人的历史重任。因此，学校各项工作都必须牢牢围绕着"立德树人"这一根本任务，守好社会主义大学这个"根"与"魂"。

（三）丰富德育活动

德育活动是指寓教于乐的、形式多样的对大学生进行道德教育的活动，具体包括科技创新、社会实践、志愿服务、素质拓展等内容。大学生精力充沛、成才意识强烈，喜欢通过参加各种各样的活动来提高自己的综合素质，这就要求高校根据自身实际情况设计一系列品位高雅、学生喜闻乐见的活动，让"有意义的事情"变得"有意思"，丰富大学生的精神文化生活，提高大学生的动手实践能力、组织能力和创新创造能力。比如，高校拥有强大的科研平台，可以结合专业特点设计各类科技创新竞赛，在科研活动中对大学生进行专业思想创新意识、创造思维和职业道德等教育。再如，高校可以利用寒暑假和休息日组织开展社会实践"三下乡"活动，引导大学生充分认识国情、民情，与人民群众结合，与实践结合，培养大学生良好的奉献精神和端正的劳动态度，促进社会物质文明和精神文明建设。

第三章 大学生劳动情怀及专业技能教育

第一节 大学生与劳动情怀

一、劳动情怀内涵

"情"指的是人的心境或情感，"怀"则包含"怀有、拥有"或"心胸、胸怀"之意。情怀即怀有某种情感，对事物发自内心地向往、喜爱、依恋和追求，甚至于一种执念。情怀同样是一个中性词，但与品德不同，情怀并没有一种明确的社会规范，有浓淡之分，无优劣之别，可以区分有无，不能评判高低，重在个体心灵的满足而非功利的得失，类似于"诗和远方"。由此推之，"劳动情怀"即个体对劳动所怀有的情感，通常带有积极或正向的意味。

（一）爱劳动

劳动是人类体力和心力的消耗，是一种辛苦的付出，人在潜意识里对其存在排斥倾向。但劳动最终换回的是财富的增加、需求的满足、自由的释放和幸福感的提升。因而，劳动无论在形式上还是在本质上都蕴含着一种内在的美感，能够激发人们对于美的体验。换句话讲，正是劳动创造了美好的生活！只有那些热爱生活的人，才能在内心深处懂得劳动的真正意义，也才能够怀揣对劳动本身的热爱之情，感悟和欣赏劳动之美，并自觉地投入到火热的劳动实践之中。

1. 劳动创造美好生活

劳动是人的本质，也是价值的源泉。幸福生活不会从天而降，美好生活靠劳动创造获得。衣食无忧者的劳动带有了一定的休闲寓意，因而比较容易感知劳动之美，但即便是那些为生活所迫而从事的劳动，因为有了背后对于美好生活的追求，同样展现出一种美感。

2. 初步感知劳动之美

劳动过程除了体力上的消耗，总是伴随着精神上的审美活动。个人对劳动之美的认识和理解各有不同，但由各自认知所引发的心理层面对劳动的美好感觉却十分相似。劳动的美有时在于收获了原本期待的物质结果而产生的获得感，有时在于实现了自己的某种设想而享受到的满足感，有时在于自己对于集体履行了某种责任而升腾的价值感，有时也在于对劳动过程做出了某些革新而得到的创造感。劳动者在劳动过程中充分发现美、感受美、创造美，而这些对于劳动丰富的审美体验让他们的劳动情怀更加深厚、更加绵长。劳动之美所激发的个体心灵对于劳动的美好感觉也体现在不同形式的艺术和文化之中，这是由于劳动者在劳动过程中往往会将其中的审美体验外化为某种形式的艺术，形成某些独特的文化。比如羌族人经常用歌声表达劳动情怀，抒发对劳动和生活的热爱和期待。甚至有人说"文学源于劳动"，在集体劳动的过程中，为了减轻劳累和鼓舞劳动，经常会用协同的动作，发出带有一定节奏和旋律的呼声，便由此形成了原始的诗歌、音乐和舞蹈。一些诗歌、音乐、舞蹈、戏剧、文学等是在劳动之美的感染下所发生的创作，同时也是劳动之美的外在体现。

3. 发自内心热爱劳动

从认识劳动之美到产生热爱劳动之情，对劳动的热爱并非都是与生俱来的，而是在学习和实践的劳动过程中逐步酿成的，从而赋予劳动情怀一定的教育价值。发自内心地热爱劳动受到两个方面的影响，一是劳动的主体性，二是劳动的社会性。一方面，只有当劳动者发现、体验到劳动之美，并在劳动过程中不断创造劳动之美，才能产生对劳动发自内心的热爱之情，这就是劳动的主体性。另一方面，在不同的社会制度下，劳动与劳动者的关系有很大的不同，导致劳动者对劳动的观念、意识和情感也有较大的差异。只有当劳动是"自由自觉"的活动时，劳动者才能在更大程度上热爱劳动。在最初的劳动形式中，劳动让人意识到自己能够作用于大自然，对自己力量的意识和对事物的主宰感随着劳动过程的推进越来越强烈。在传统的农耕文化下，这种互动方式依然存在，劳动是人的"有目的的意志"，劳动的果实是实实在在的，是看得见摸得着的，是属于劳动者自己的。情由境生，劳动者的处境改善了，劳动重新成为"自由自觉"的活动时，劳动者在辛勤劳动过程中能保持其尊严，获得全面、充分、自由的发展，实现其人生价值，对劳动的热爱才能油然而生。

（二）乐劳动

仅仅抽象地理解劳动对于人类生活改善的意义，虽然能够初步唤起人们对于劳动美的感觉，但还不足以换来人们持久的劳动行为。只有带着对劳动的美好感觉，在具体生动的劳动过程中体验到了劳动的乐趣，才能产生持续参与劳动的动力，保持继续劳动的状态。因而劳动情怀发端于对劳动美的感知，贯穿始终的却是在劳动过程中收获的满足感。作为一种生理唤起状态，这种满足感能够让人油然而生快乐情绪，大多数时候甚至根本无关于功利得失，完全沉浸于心灵深处对生活趣味的品赏。

1. 从劳动过程中获得满足感

劳动满足感是一种心灵的满足感，而非功利得失，看着地里庄稼成熟时饱满的颗粒、精雕细琢打造出来的一件工艺品，劳动，瞬间就填充了自己心灵中所有的空虚。带着劳动的汗水，看着麦苗一点点成长，是一种丰收的满足。紧张而繁忙的身影映照着的是一种充盈的满足。

2. 由劳动满足感激发快乐情绪

当个体劳动成为社会劳动的一部分，由劳动带来的自我满足感就会转化为社会成就感，人的自信心会增强，个体价值的实现会进一步激发人的快乐情绪。真正以劳动为乐，其内在价值在于促进劳动者认知和实践能力的提升以及性格和个性的圆融。

3. 在快乐劳动中体会趣味生活

快乐情绪具有巨大的扩散效应或感染力，一个身处快乐劳动中的人，会不自觉联想到家人住进新房时的喜悦、孩子买到一本新书时的开心。在愉悦的劳动过程中体验劳动的幸福，以轻松的心态欣赏人生世间百态，是鼓励面对未经发现的生活的趣味，是一种崭新的体验。共同劳动生产不仅创造了优质的物质文化，也涵养了优质的精神文化。

（三）尊重劳动者

因为与创造美好生活无法割舍的内在关联，劳动情怀也不仅仅是个体的心理感觉和体验，而是一种全人类的共性感知，因而很容易产生尊重、欣赏、赞美、追求劳动之美的集体共鸣。

1. 发自内心尊重其他劳动者

由衷热爱与尊重不同岗位上的劳动者，对劳动者发自内心地尊重，就要了解不同岗位劳动者的甘苦。只有了解劳动者的甘苦，才能真正崇尚劳动、尊重劳动。尊重是伴随情绪出现的心理倾向和行为。环卫工人起早睡晚，夏日顶着酷热，冬天冒着严寒，穿梭在大街小巷，坚守在自己的工作岗位上。当你走在路上，把手上的垃圾放入垃圾桶中而不是随地乱扔，当你路过他们时，给他们一个微笑，如果遇到他们有困难，提供力所能及的帮助，这些都是对环卫工人的尊重。快递小哥搬着包裹上楼下楼，风风火火地赶路，争分夺秒地派件，当收到快递时，不要吝啬说一句"多谢了，小哥"，当快递稍有延误时，对他们多一点理解，这是对快递小哥的尊重。密密麻麻的脚手架上，有建筑工人的双手敲砖砌墙，穿梭云端的塔吊上，有我们看不见的建筑工人的脸庞，如果你的亲友邻里中也有建筑工人，不要忘记他们是城市的建设者，走进高楼大厦，不要忘记他们的辛劳和汗水，这是对建筑工人的尊重。

2. 由衷赞美全体劳动人民

全面建成小康社会，进而建成富强、民主、文明、和谐的社会主义现代化国家，根本上靠劳动、靠劳动者创造。改革开放以来，我国经济社会建设各个领域发生了翻天覆地的变化，生产力获得了极大的提高。这宏大的成就与我国经济体制改革带给个体和企业的激励有很大关系，还有资本的投入、教育的扩招等都进一步影响着整个社会旧貌换新颜。而同样值得赞美的是全体劳动人民，无数劳动者众志成城、艰苦奋斗，用他们的辛勤劳动为伟大事业贡献力量。社会主义新时代也无法仅仅依靠我们世俗意义上的"精英"和优秀企业家来建设，而是依赖于全体劳动人民用自己的干劲、闯劲、钻劲来建设，只有尊重每一个劳动者，我们才能发挥全体劳动者的价值，才能随着美丽中国的时代脚步踏上新的征程。

3. 自愿成为劳动大军中的一员

崇尚劳动，向往劳动，让参加劳动成为受内心驱使的自觉行为。人的天赋就像火花，它既可以熄灭，也可以燃烧起来。而逼使它燃烧成熊熊大火的方法只有一个，就是劳动，再劳动。在新冠疫情防控中，医务人员不顾安危冲在抗疫一线，社区工作者尽职尽责做好防护工作，无数志愿者奔走不息，有一分热，发一分光，正是这种爱岗敬业、无私奉献的劳动情怀让我们能够筑起铜墙铁壁，取得防疫攻坚战的初步胜利。

二、大学生劳动情怀的维度

情怀时常表现为一种自觉自愿的"额外付出"，在劳动过程中，这种自愿的程度或额外的范畴不同，其劳动情怀的维度或层级也不同。大学生劳动情怀的维度可以指向个体的、与他人交往活动中的、社会和国家的三个不同层级。要使学生具有劳动自立意识和主动服务他人、服务社会的情怀，培育爱岗敬业的劳动态度和主动作为的奉献精神，报效国家，奉献社会。

（一）调整个体情绪

情绪能带来巨大的能量去塑造自己和改变世界。正是情绪让人去创造、探索、建设、爱和奉献，有时候也是因为情绪人们才有争斗和冲突。通常情况下，情绪的产生，对于个人而言，是在与事物的认知接触、事情的实施操作以及自己和他人交互中的态度体验，包括所有在主观上体验到的、负载着情感的、有意识的心理状态，同时会有一定的生理反应伴随产生。情绪调整能力是指将自己的情绪体验调整到适当水平。情绪调整能力随着个体的成熟而不断发展，是大学生适应社会的重要能力。大学生的情绪调整能力会影响到大学生活的很多方面，情感与情绪本身又会受到很多因素的影响。心理学家认为情绪和认知相依相生，个体的情绪调整过程蕴含着其认知复杂性的高低，认知复杂性又会影响情绪调整的成熟度。

1. 主动积极

情绪的自我调整是管理行为的基础。大学生的情绪是丰富而多变的，遇到高兴的事情容易激动、兴奋，遇到挫折的时候也很容易生气、发怒。在繁忙紧张的备考中，一些大学生会出现焦虑的情绪，深陷其中会导致学习效率低、心理压力大，还会引起自责、懊恼带来的二次情绪，此时如果能适度做一些体育锻炼或者体力劳动，看似减少了学习时间，却往往能带来不一样的情绪体验，比如去体育馆打球或游泳、整理床铺或打扫宿舍卫生等。在生理上，适度锻炼和劳动可以促进体内多巴胺的分泌，给人带来愉悦、快乐的感觉，使得在紧张的学习中更能够集中注意力，更能激发学习热情。可以把这些主动积极的劳动当作紧张学习之余的"积极休息"，通过情境修正和转移注意力来实现情绪和行为的调整。

2. 享受乐趣

让学生的个性得到充分发展，才能给集体带来"自己的、独特的东西"，从而让集体生活丰富起来。有些大学生喜欢在宿舍养花种草，将从犄角旮旯中取到的素材变废为宝，打造自己的花草世界，将玻璃杯或酸奶盒子做成一个微盆景，将废弃的抽屉变成一个小小的植物园。为了给花草晒太阳搬来搬去也不觉得累，还会利用课余时间积极学习盆栽种植的经验和技巧，这样的劳动情怀所激发的付出不仅优化了宿舍环境，也在紧张的学习生活中调节了学生的情绪，使其体验到盆栽成长的乐趣和惊喜，获得愉悦和充实的感觉，进一步激发其学习和创造的热情。

（二）实现归属需要

基于人的全面、充分、自由的发展，劳动教育要把握育人导向，促进学生全面发展、健康成长。大学生的发展离不开自身心理和精神层面的动机和需要。需要层次理论认为人的基本需要有五个层次，分别是生理需要、安全需要、归属需要、自尊需要和自我实现的需要。大部分大学生在校园中生理需要和安全需要都能够得到一定的保障。归属需要、自尊需要和自我实现的需要是更高层次的需要。更高层次需要的满足会带来更合意的主观效果、更深刻的幸福感和精神生活的丰富感，对大学生的成长和发展有着更深远的影响。个体对归属的需要包括情感的付出和接受，对爱、尊重和理解的追求，是指向外部的情感互动和共鸣，渴望与他人建立一种关系，渴望在团队中获得一个位置。

1. 磨炼意志、塑造性格

大学宿舍是大学生学习、生活和休息的重要场所，室友关系剑拔弩张的宿舍容易让人的情绪极端化，让人受挫；而融洽互助的宿舍会使人轻松愉悦，能够更好地解决学习和生活中的难题。在大学宿舍中，打扫卫生是日常工作。一些勤快的大学生不仅把自己的床铺、书桌整理得干干净净，还经常主动承担宿舍公共区域的卫生，每天按时打好热水分享给急需的同学，看到垃圾桶满了随手就清理掉，时常维护洗手间的整洁，从食堂带饭菜给来不及去食堂的同学，看起来为别人多付出了很多，他们自己却乐在其中。这种积极主动、乐于助人、不计得失的劳动情怀让他们面带开怀的笑容，并获得由衷的尊重，同时也在影响和塑造着自身的性格，使得他们成为主动、积极、乐观的人，遇到困难时主动作为的习惯也会使自己更容易走出困境。

2. 成就他人、实现价值

人依赖于与他人的关系来构建自身的价值与尊严，在受到身边人的认可时内心会产生价值的实现感与精神的满足感。当人获得尊重和赞赏，进而发展了自尊心，那么他会成为更加丰满的人，更加健康、更加接近自我实现。在与他人的交往和互动中，不计个人得失、主动帮助他人，通过自己的劳动成就别人，是自身价值实现的一种方式，也是积极建构自己生活小世界的一种方式。

（三）传递家国情怀

个人的前途命运与国家和民族的命运紧密相连。儒家思想中包含着浓厚的家国情怀的基因，无数文人志士抒发过对国家和民族的热爱，"天下兴亡，匹夫有责""先天下之忧而忧，后天下之乐而乐""安得广厦千万间，大庇天下寒士俱欢颜""位卑未敢忘忧国"。自祖祖辈辈相传积淀而成的这一份家国情怀，已经成为中华民族的内在气质。

1. 同向同行，凝心聚力

高等教育最终要帮助大学生成为一个"完整"的人，实现其自身的潜能，也帮助其实现社会价值，面对复杂而不确定的外部世界，学会重视可持续发展和整个社会、国家的共同繁荣。"新时代的中国青年是堪当大任的"，大学生志愿者勇于担当、甘于奉献的劳动情怀在每一次关系国家荣辱的重大时刻，在每一个严峻的考验中展现得淋漓尽致。无论是在大型国际活动，还是在社区图书馆、敬老院、公园等都可以看见大学生志愿者挥洒汗水、热忱服务的身影。新冠疫情下更有无数大学生为更好地服务社会，勇敢走出家门、走向社区、走进医院，主动承担，积极作为。

2. "我的梦"与"中国梦"同频共振

中国将在21世纪中叶建设成为富强、民主、文明、和谐、美丽的社会主义现代化强国，"90后""00后"大学生将全程参与和见证"中国梦"的实现。作为中国特色社会主义的建设者和接班人，每一个青年身上都有一份社会责任，如何推动"中国制造"向"中国质造"和"中国智造"转型升级，更好地满足人民日益增长的美好生活需要，是新时代中国特色社会主义伟大征程中面临的重大理论问题和现实问题，也是留给当代青年的时代之问。劳动情怀和工匠精神将是不可或缺的精神指引和引擎驱动。

三、大学生劳动情怀的培育

情怀的培育涉及对美好心灵品质的提升，既有先天性情中孕育的成分，也有后天教育中习得的养分。大学生劳动情怀培育要在与"美育"的充分融合中逐步实现，不局限于对劳动单纯功利化的激励，要把爱劳动与爱自己、爱生活、爱国家深植于内心。

（一）爱劳动与爱自己：明心见性，涵养价值情怀

在刚进大学校门的时候，大学生对自己内心的认识往往还是模糊的，对真实世界的认识是表象的。揭开这两个谜团的一个重要的钥匙就是劳动。每一位大学生只有通过接受热爱劳动的教育才能逐步建立个体与内心的关系，了解个体的价值和追求，不断提升素质，实现全面发展。

1. 塑造自我意识

每一位大学生都应当懂得，劳动可以树立良好的个人价值意识，人是开展劳动的起点，也是劳动的归宿。只有通过劳动，人才能更为真切地认识、尊重自我的意识，从而产生真正的自尊、自爱的情感。真正的自我意识是理解并相信自己是宝贵的，自己值得拥有美好的事物，值得拥有自主的意识。

2. 激活个人价值

每个人的生命都是无价的，但生命的价值需要在劳动实践中方能激活。在改造自然、改造自身的活动中，人们才能意识到自己是有用之才、有用之身。这种价值不是简单创造财富的人力资本，而是发现自己是对世界有所创造的、被世界所需要的独一无二的个体。在劳动实践中能够感悟到人的心灵与外部世界的连接，体会到外部世界并不是被固化、抽象出的现成结果，而是始终处于创造未来的起点之中，这就是劳动对个体生命的塑造和升华过程。从小事做起，从点滴考虑，以实干书写青春，用奋斗镌刻荣光，努力成为知识型劳动者。

（二）爱劳动与爱生活：自力更生，创造美好生活

培养深厚的劳动情怀需要从内心深处消除劳动的神秘感和距离感，把劳动视作生活的一部分，在踏踏实实的劳动过程中真切感受生活的美好。

1. 主动构建良好学习生活环境

改造生存环境的劳动是人们所有劳动当中最为基础的劳动。通过热爱劳动来改造生存的环境，养成健康的生活习惯和生活方式将会使大学生受益终身。我国有句名言"一屋不扫，何以扫天下"，很多年轻人觉得"一屋不扫"是缺乏意愿，而不是缺乏能力，在个人学业分配上往往更加注重"扫天下"的知识和眼界的提升，而忽略了在"治一室"的过程中也可以培育基本的习惯和才干。不打扫宿舍往往是因为缺乏日常保养的习惯和方法。通过劳动可以使人们从被动适应生存环境转变为主动优化生存环境，同时从这个劳动过程当中获得对生命的自主权。当代青年学生应该主动学习、掌握构建美好生活环境的能力，在生活中保持卫生整洁，不断增强生活中的审美能力。

2. 培养尊重劳动、热爱劳动的真挚情感

志愿服务、实习和社会实践是运用大学中所学的理论知识观察社会、亲近劳动者的一种方式。无论是在校内校外的实习岗位上，还是在勤工助学、助教、助管、助研岗位上，大学生既是劳动者，也是观察者，在小小的岗位上亲自参与实践，在解决实际问题中掌握知识，在实际劳动过程中培养自己良好的劳动习惯和劳动精神，在增长才干和磨炼意志中感受劳动所带来的收获和乐趣，产生尊重劳动、热爱劳动的真挚情感。大学生通过实习、实践可以体验劳动的付出和获得感，懂得幸福生活是靠一点一滴创造的，懂得尊重劳动成果。

（三）爱劳动与爱国家：家国一体，融入时代洪流

爱国情怀是劳动情怀的根基。国家制度决定了劳动者的组织方式、政治地位和劳动成果的分配方式，劳动的过程无法脱离国家的发展而单独存在。从这个意义上讲，对国家的热爱构成了劳动的根本动力。众志成城建设中国特色社会主义，就是要努力为劳动者创造出平等的劳动关系、先进的劳动资料、良好的劳动环境、公平合理的劳动报酬。当代大学生应该体察国家和时代的需要，努力学习，掌握国家和时代需要的知识和技能，在每一个平凡的岗位上辛勤付出，在每个工作环节尽己之力提升劳动效率，改进劳动产出质量，削减劳动的能耗，在劳动中感受家国一体的联结。

每一位大学生应带着对祖国的热爱辛勤劳动，为中国特色社会主义大厦添砖加瓦。在校大学生不仅要重视专业课程学习，更要积极投身实践，认识国情、了解社会，明确为社会主义事业奋斗终生的理想。青年兴则国兴，青年强则国强。大学生并非生活在象牙塔中，而是生活在社会整体环境中，个人的劳动是为他人、为社会、为国家服务的，人与人之间形成了一个高度精密、整合的供应网络。社会需要各种各样的劳动方式，产生出不同种类的劳动成果，由此构建出现代化的劳动体系，最终将改变国家的整体面貌。大学生应培养

自己"以天下为己任"的社会责任感，树立为人民幸福、民族振兴、国家繁荣发展奋斗的劳动意识。国家好，民族好，大家才会好。

第二节 大学生与专业技能

如果说劳动品德涵养依赖理智清醒地思考，劳动情怀培育重在透射心灵地感悟，劳动技能习得则主要靠持之以恒地学习和训练。专业技能是大学生劳动技能的核心部分，是与高等教育人才培养方式紧密相关的专业知识、专业思维和专业实践的有机统一。良好的专业技能是衡量大学生劳动素养的重要指标，对于帮助大学生合理规划职业路径、提升创新创造能力具有无可替代的积极作用。

一、专业技能内涵

所谓专业技能是与通用技能相对应的概念。高等教育阶段的专业技能是指大学生基于专业知识学习而形成的思维活动能力和职业实践能力，这些能力是以通往未来就业渠道和职业岗位计划为导向的，是大学生劳动技能提升的重心。具体而言，专业技能是对特定专业知识的应用能力，这种能力首先体现为一种思维活动，它能够改变人们对事物的看法，指导人们通过特定行为达到预期目的，当这种行为付诸实施并产生相应结果时，就表现为一种职业实践能力。

（一）专业知识

知识是技能的基础，是静态的技能；技能是知识的延展，是动态的知识。与基础教育显著不同的是，高等教育总体上是围绕"专业"而展开的，尽管有不少高校都在强调通识教育，但绝大多数大学生在离开校门前都会掌握一种或几种专门的学问，完成一种或几种专门的学业。这种在一定范围内相对稳定的系统化的知识就是专业知识，它不是专业技能本身，但与专业技能之间又存在彼此依赖的密切关系。

1. 专业知识是专业技能的基础

人们在认识特定领域事物发展规律过程中所形成的知识集合就可以被称为专业知识。这些知识能够表明不同因素之间的关系，揭示某种结果出现的原因，告诉我们现象背后的本质，提醒我们看待事物的科学方式。在大学课堂内外，知识的传授大多是以专业的形式展开的。

2. 专业技能是专业知识的延展

专业技能离不开专业知识的传授，需要通过专业知识的学习和积淀才能形成。但专业技能对专业知识的依赖却不是被动的，而是一种主动的应用和积极的延展。一个人是否学过相关专业知识，在从事某项具体工作时的技能水平和实际效果是有明显差异的，而是否能够通过反复实践操练，将所学知识转化为改造事物的专业技能，对专业知识学习效果同样有重要影响。在现实生活中，一位理论功底深厚的医学博士未必能看得好病，因为看病需要在临床实践中不断积累经验，但这位医学博士看病的能力肯定比一位建筑工人强；同样的道理，一位美术大师盖房子的技能恐怕没法和这位建筑工人相比，因为他脑海里储备的更多是关于绘画的专业知识。

（二）专业思维

在通过学习专业知识形成专业技能的过程中，一个关键的环节是专业思维的形成。所谓专业思维，就是能够将遇到的问题迅速准确归类的思维。因为迅速，所以专业；因为准确，所以高效。一个人只有用专业的思维方式考虑问题，才有可能在看待事物时具备独特的眼光和与众不同的处理方式，即专业的技能。

1. 基于历史经验的思维

万事万物都是不断变化的，专业也是动态发展的，因而专业思维会表现出明显的历史继承性。今天的专业知识体系正是对过去每一个阶段新知识的累积叠加，当下的专业思维方式也就是对以前专业思维延续和更新后所形成的。

2. 立足现实状况的思维

拥有专业思维的人都清楚自己的能力边界，他们了解事物运行的复杂性和专业知识的有限性，不会觉得自己无所不能，他们看待和处理问题更倚重从现实出发的思维方式。基于此，业余人士和专业人士的最大区别是，前者认为世界按照他们的想象运转，而后者则是立足现实去适应和改造这个世界。从这个角度看，专业技能差异的背后经常表现为专业思维方式的差异，越是能立足现实进行思考的人，越能清晰地看到自己的优势和不足，从而踏踏实实地扬长避短，在工作中往往表现出越强的专业技能。

3. 追求更高更好的思维

专业思维承认专业知识的局限性，但并不会因此囿于当下、裹足不前，而是能够放眼长远，开放心态，乐于倾听，重视专业知识的连续性和专业发展的持续性，清楚地知道自己该做什么和不该做什么，并将失败视为其获得成长的过程。拥有专业思维的人通常都心怀一种使命感，期待在专业领域获得更高的水平，实现更好的效果，因而是一种积极向上、追求创新的战略性思维方式。

（三）专业实践

获取专业技能需要专业知识的指导和专业思维的引导，更需要在实践活动中持之以恒地学习、模仿、操作和训练。对于高校而言，教育工作的实施任务是培养具有社会责任感、创新精神和实践能力的高级专门人才，发展科学技术文化，促进社会主义现代化建设。尽管各高校关于大学生专业实践的要求不尽相同，各专业的实践方式也千差万别，但通过多样化的专业实践提升大学生专业技能的目标却是明确的，这同时也是新时代高等教育阶段加强劳动教育的重要路径之一。

1. 凝练和发挥专业优势

通用知识的优势在于广度，有助于开阔视野，通用技能在各种社会活动中有着广泛应用，如计算机基本操作能力、驾驶能力、接待能力、书写能力、口头表达能力等；专业知识的优势在于深度和精度，有助于深化认识。每一种专业都存在专属的研究范畴，专业技能只有在特定的实践活动中才能获得用武之地，如律师的辩护技能主要用于法庭，园艺师的栽培技能主要在园林中展示，飞行器设计师的技能则需要航天航空环境。

2. 培养实干精神和职业专注力

专业知识必须通过刻苦的理论学习才能掌握，强调的是知晓专业；专业思维只有通过积极的思考才能获得，强调的是懂得专业；专业技能则需要在实践活动中反复操练才能拥有，强调的是运用专业。大学生要将在校期间所学专业知识转化为创造社会财富的能力，除了对专业本身的认知和理解以外，还需要实干精神，专注于实际工作需要与专业优势的结合，这些都需要进行足够的专业实践训练。

3. 强化创新精神和社会责任感

专业技能最终要通过一个个鲜活个体的劳动过程才能体现出来，但任何一种专业技能的形成都往往是一群人共同钻研并通过一代代人传承创新的结果。因而专业技能既是个人的本领，也是全社会的共同财富。任何一位大学生只有怀揣社会责任感进入职场，才能让所学专业技能在推动社会进步中发挥积极作用，也只有将创新的精神运用于其所学专业，才能在工作实践中发现专业知识的漏洞，改进专业思维的缺陷，不断提升专业技能，为专业本身的进步创造条件和提供可能。

二、专业技能价值

通用技能在日常生活中应用广泛，对广大学生的发展具有广泛迁移价值；而专业技能与岗位设置相关,是特定岗位专门需要的技术和能力,也是岗位价值的重要体现。对于正在接受高等教育的大学生来说,熟知一门专业知识,掌握一项专业技能,也就具备了成为专业人才的基础条件,拥有了在生产和服务过程中体验不同形式劳动发展演变的机会。这对于学会使用工具、掌握和应用相关技术、增强产品质量和社会服务意识、感受劳动创造价值、强化社会责任感等都具有重要意义,有助于在未来职业发展道路上更好地选方向、定策略,充分利用外部条件和发挥自身优势,成为一个真正有创造力的人。

(一)成为专业人才

人才是一个与普通劳动者相比较而产生的内涵略显模糊的概念。从略微宽泛的角度来讲,人才应当是拥有一定的知识或技能,具备进行创造性劳动的潜质或已经对社会做出过突出贡献的人,是人力资源队伍中那些能力和素质较高的劳动者,也被视为国家经济社会发展的第一资源。专门人才或专业人才开始取代全能通才成为现代人才的一个重要特征,而专业技能恰恰是专业人员成才之路上必不可少的助推器和护身符。

1. 衡量人才的重要指标

良好的人品、广博的学识、超凡的技能、高效的行动力等都是衡量人才的重要标准,缺少了任何一方面都会使得人才的含金量打折扣。在教育落后、知识贫乏的时代,专业人才短缺往往成为经济社会发展的最大掣肘;反之,在教育兴旺、人才辈出的时代,国家财富创造的速度和人民生活改善的程度也会非常惊人。改革开放以来,我国各个领域建设都取得了举世瞩目的成就,这与国家大力兴办教育,尤其是通过高等教育不断培养出一批批理论功底扎实的专业人才密不可分。但经济社会转型遇到的瓶颈问题也告诉我们,顺应经济高质量发展的要求,转变人才评价的方法,调整高等教育人才培养目标定位,逐步增强对高等人才专业技能培养的力度,改变我国专业技能人才短缺的境况不仅重要而且必要。

2. 建立人才自信心

自信心在人才成长过程中发挥着定心丸的作用。良好的专业技能既是年轻人找工作的敲门砖,也是职场新人提升自信心的有效秘方。自信心会受到先天性格等因素的影响,但更多源自于多角度比较而产生的成就感激励。拥有良好专业技能的人能够通过劳动创造看得见摸得着的价值,在纵向比较中看到自己的成长进步,在与周围人的横向比较中看到自己的领先优势,从而逐渐树立起工作的自信。

3. 提升人才认可度和社会地位

一个人在工作中取得的成绩或在事业上所达到的高度受很多因素影响,领导提携、家庭环境、工作机遇等有时甚至起着决定性作用,但归根结底还得靠自身的真才实学。工作能力尤其是专业技能一旦获得认可，将会产生持久的社会效应。在国内外各种关于人才的分类中，技能人才既不同于以广博知识见长的学术人才、以社会经验称道的管理人才，也有别于身处生产一线直接掌握某项应用技术手段的技术型人才，而是特指在生产技能岗位工作，具有高级以上技能等级或具有专业技术资格的人员，是具有一定社会认可度和社会地位的高级人才。

（二）理性规划职业

大学生职业规划是一个立足当下、着眼长远、内外兼顾、动静结合的复杂活动，只有把国家需要、自身兴趣、个人特长有机结合起来，才能产生通过职业规划引领职业成长的效果。职业规划是对在校期间学习理性和工作期间职业理性的双重考验。其中，大学生所学专业以及逐步掌握的专业技能水平对其理性规划职业具有重要指导意义。

1. 按照国家需要谋划职业愿景

职业选择是一种社会活动，必定要受到各种社会条件的制约，脱离经济社会发展需要的职业选择将很难被社会所接纳。经过大学阶段的学习，每一个大学生都具有了某一领域专业的知识和技能，不同类型的专业技能对应不同的职业领域，不同的专业技能水平对应不同的工作岗位，大学生只有清晰认识国家经济社会发展的总体趋势和相应的人才需求，并与自身所学专业相对接，才能确保职业规划方向选择的现实性和合理性。

2. 激发职业兴趣

职业规划的理性要求突出地体现在不单单以眼前利益为依据，而是要兼顾整个职业生涯的长远利益，尽量保持规划与行动的一致性，避免频繁调整规划或改变工作而额外增加成本。保持职业规划相对稳定性的一个有效办法就是设法让自己保持对专业、对职业持久的兴趣。对于在校大学生来讲，就是要明白，知识学习有一个普遍规律，学习得越深入，学习兴趣就越高，将来进入职场，技能运用得越自如，职业发展就越顺畅。因而在现实中，各个高校的专业教育通常都有自身的培养目标和就业方向，用以引导在校学生逐步产生专业兴趣和形成职业选择优势。

3. 明确职业定位

人尽其才是国家使用人才的重要原则，找到与自身能力相匹配的工作也是每一位大学生的愿望。但时至今日，我国高等教育改革的步伐仍赶不上时代的发展，不少大学生在校期间沉浸在"我与专业"的二维世界中，死记硬背理论知识，只求考试高分；做职业规划时又掉进"我与工作"的陷阱里不能自拔，忽略了专业技能的重要影响；以至于工作中涉及专业应用时生搬硬套，毫无效果可言，更不用说进行专业创新或创造性劳动。专业技能引导职业选择就是要改变生硬地学习理论，学会感知生动的专业实践，实现从"我与专业"到"我、专业与社会"的转变。

（三）培养创新能力

从知识、思维到实践是一个完整的专业技能学习和提升过程，各个环节紧密关联，既彼此促进，又互相制约，其最终落脚点在于通过创造性劳动实现知识的价值放大功能。重视专业技能提升在大学专业教育中的重要性，就是要设法将劳动教育与专业教育相融合，从而改变大学生墨守成规的专业学习方式，训练学生敢于质疑、勇于破旧的专业学习思维和习惯。

1. 创新专业教育模式

知识源自于实践而又服务于实践。大学阶段劳动教育长期缺位对专业教育效果的负效应显而易见，大学生就业后创造力不足的问题已经引起社会关注，高等教育也正在着力增强学生专业学习的能力，通过强化劳动实践为学生提供更多"边干边学"的机会，为专业理论知识的应用和创新创造条件。

2. 激发创新思维

过去应试教育背景下形成的"寻求标准答案式学习"在大学专业学习中仍然很普遍，如果大学生能够以提升专业技能为引导，重视对知识的理解和应用，而非单纯地记忆，将有利于打开思维空间，让专业学习鲜活和有趣起来，从而调动起自己的创新积极性，养成善疑善思的学习习惯。高校加强劳动教育实际上就是以专业技能提升为线索的教育改革，是强化专业培育的重要体现，是引导大学生创造性学习的重要方式。在积极接受专业培育的过程中，大学生将有机会领悟劳动的意义，逐步形成勤俭、奋斗、创新、奉献的劳动精神。

3. 塑造创新文化

过去很长一段时间，专业教育与劳动教育脱节，大学课堂上创新氛围缺失。在大学生群体中，抱有劳动就是重复性肢体活动看法的不在少数，对于通过技能与思维相连接的创造性劳动认识明显不足，这种校园文化成为其专业学习中普遍缺乏动力的重要原因。换言之，专业教育与劳动教育的有机融合能够发挥"劳动助力专业落地，专业推动劳动升华"的双向互促效应，能更好地将经济发展路径和人才成长路径统一起来，营造一种崇尚劳动、主动创新和乐于创新的文化氛围。

三、大学生专业技能的习得

劳动教育是中国特色社会主义教育制度的重要内容，直接决定社会主义建设者和接班人的劳动精神面貌、劳动价值取向和劳动技能水平。与中小学阶段不同，高等教育阶段的专业性更强，学生毕业后距离劳动力市场更近，因而大学劳动教育更加突出专业知识与劳动技能的融合提升，更注重通过劳动教育增强学生的专业应用能力和劳动创造能力。大学生专业技能的提升首先需要掌握系统的专业知识，形成坚实的专业理论支撑，在此基础上不断强化专业思维培养，积极参加各种形式的专业实践活动，围绕职业发展加强创造性劳动训练。

（一）掌握系统专业知识

大学生要充分认识到专业知识是专业技能的基础，懂得"在什么山上唱什么歌"的道理，在校期间将更多精力放在专业知识的学习方面，夯实专业基础理论，系统掌握专业结构和主要方法，及时跟踪专业发展新动向，在整个职业生涯中保持专业学习的热情和习惯。

1. 夯实专业基础理论

合抱之木，生于毫末；九层之台，起于累土。任何一门专业无论怎么发展，其核心概念和知识架构大致是稳定的，构成了整个专业大厦的地基和框架。学无止境，大学生在专业学习中要遵循基本学习顺序，在开始阶段一定要打牢基础，注重对核心概念的推敲和对基本理论的研读，通过1~2年的初步学习，在头脑中构建起基本的专业理论体系。在具体操作上就是要注重核心基础课的精细化学习，通过仔细研读这些课程，逐步形成专业基础素养，为日后的自学和深学奠定基础。

2. 掌握主要专业方法

高等教育阶段的专业学习不以记忆为主，而以方法为重。进入大学校门后，要尽快转变观念，把增强学习主动性和改进学习方法作为个人素养提升的重要任务。尤其在专业课学习中，务必要熟悉主流理论从假设到推演逻辑再到主要结论的整体认知，还要多看一些历史类、方法类、流派类、比较类的课程或文献资料，打开专业学习的视野。同时要清醒地认识到，世界始终处在运动变化之中，任何一门学科的专业知识随时都可能出现新的研究方法、领域、观点或内容，任何人都需要树立起终身学习的理念，高年级大学生则应当随时跟踪专业发展前沿动态，及时跟进、更新专业知识，确保专业储备跟上学科前进的步伐。

（二）强化专业逻辑思维

专业思维是用专业的方式对问题进行迅速准确归类的思维，实质上是一种看待和思考某类问题的专业习惯。面对同一个现象，当非专业人士还在迷惑不解时，专业人士当即就能透过现象看到问题的本质，并清楚其中各因素之间的作用机理。系统掌握专业知识在一定程度上已经影响到了个人考虑问题的方式，但真正专业思维的形成仍然需要心怀专业使命感，善观察，勤思考，多讨论，用眼睛看到的现象印证书本中学到的专业知识，用反复琢磨的方式强化对专业逻辑的认知，用启发交流工具打开专业思维的空间。

1. 心怀专业使命感

任何一门专业的理论知识都是前人辛勤劳动的凝结，任何一门专业的实践活动都将是国家经济社会建设的重要组成部分。强化专业思维就是要不仅懂得专业学习对自身成长的意义，还要清楚专业所承担的社会责任，把劳动素养作为个人自我评价的重要依据。心怀专业使命感，就需要在日常学习、工作和生活中处处留意本专业领域的各种现象，从点滴小处着手，仔细观察并尝试用专业的眼光看待周围的事物，勤于思考，并尝试用专业的理论分析身边的事件，经常训练并努力用专业的方法解决自己遇到的问题。

2. 开展深层次专业逻辑训练

观察和思考能够帮助我们进行浅层次的专业思维训练。真正要在专业领域有所建树，还必须脱离书本，跳出个人思考问题的习惯，有针对性地进行专业交流，寻求专业思维碰撞。每年全国各大高校、专业研究机构、行业协会、政府相关部门都会组织不同层次不同类型的专业交流会，这正是大学生深入理解专业逻辑、进行深层次专业思维训练的难得机会。通过积极参加相关会议，聆听专业领域内不同的声音，捕捉专业最前沿的信息，不断提升专业敏感度，持续强化专业思维习惯。最为重要的是，通过聆听劳模大讲堂、大国工匠进校园、优秀毕业生报告会等活动中的劳动榜样人物事迹，近距离接触劳动模范，观摩精湛技艺，感受并领悟勤勉敬业的劳动精神，让专业思维逐步深入内心。

（三）积极参与专业实践

专业实践是将专业知识转化为专业技能最为重要的环节，也是高等教育阶段长期未能很好解决的问题。通过积极参与专业实践活动，大学生不仅能够更多地了解社会和国情，锻炼意志，培养品格，增强社会责任感，还可以深化对专业理论的认知，进一步拓展专业思维，巩固和提高专业技能，并将其转化为职业发展能力。

1. 专业实践活动

尽管高校专业实践活动究竟怎么开展并没有明确的共识，但加强实践教学的必要性基本得到了多数人的认可，因而各专业培养方案中都会适当安排一些专业实践活动。在校大学生首先要利用好这些专业实践的机会，锻炼自己专业知识应用的能力。通过积极参与课堂讨论、课堂情景教学模拟、专业实验实训课、毕业设计（论文）、拜访劳模工作室或技能大师工作室等了解专业实践的思路和领域；通过校内勤工助学、金工实习、大学生创新创业项目、寒暑假社会调查等训练专业实践的具体方法；通过在高校持股企业或在高校与市场组织合建的实习基地兼职，切实感受专业知识和职业技能的差异，提高专业动手能力。

2. 各类社会实践

到什么山唱什么歌。学生的本职工作主要还是知识的吸收和储备，同步完成学校规定的专业实践教学任务。但国家经济实力的增强、市场活动频率的增加、各类信息手段的广泛应用，为学有余力的大学生提供了跨出校门进一步提升专业实践能力的机会：一是提前加入劳动大军，以社会兼职或专业实习的形式体验职场生活，边干边学，运用专业知识解决工作中遇到的实际问题；二是积极参加行业主管部门、行业协会、大型企业、高校专业联盟等组织的各类专业技能大赛，在竞争中提升自己的专业实践能力；三是注重自身公共服务意识的培养，通过社会实践活动参与服务性劳动，强化公共服务意识和面对危机主动作为的奉献精神，运用专业知识和专业技能回馈社会。

3. 提升劳动创造力

知识经济时代，学习已成为终身大事，专业技能提升也须贯穿职业生涯始终。在校大学生应当早立志、早谋划、早动手，尽早明确自己的职业发展方向和目标，并围绕这一主线开展专业知识学习，提升专业技能，着重训练自身劳动创造力。一方面，认真学习学校开设的劳动教育课程和就业指导课程，尽早进行职业生涯发展规划，确定不同时期职业阶段性目标。针对实现目标的能力要求明确专业技能提升重点，有意识地参与相关专业技能培训，提前掌握入职必备技能；另一方面，主动谋划与自身职业计划相关的创新创业活动，利用好各类青年创新创业基金提供的平台，组建或加入相关创业团队，结合学科专业开展生产劳动和服务性劳动，重视新知识、新技术、新工艺、新方法应用，创造性地解决实际问题，增强诚实劳动意识，积累职业经验，培育创造性劳动能力和诚实守信的合法劳动意识，提升就业创业能力，高起点训练专业技能。

第四章 大学生创造性劳动教育培训

第一节 创造性劳动内涵

一、劳动的创造性与创造性的劳动

劳动首先是人和自然之间相互作用的过程，是人以自身的活动来引起、调整和控制人和自然之间的物质变换的过程。人自身作为一种自然力与自然物质相对立。为了在对自身生活有用的形式上占有自然物质，人就使他身上的自然力——臂和腿、头和手运动起来。当他通过这种运动作用于他身外的自然并改变自然时，也就同时改变了他自身的自然。他使自身的自然中蕴藏着的潜力发挥出来，并且使这种力的活动受他自己控制。劳动作为人类能动的实践活动，不仅通过生活资料的生产从物质上保证了人类的生存与发展，而且在劳动的实践过程中推动了人类智力的发展，增强了人类从事物质生产活动的能力。劳动过程中蕴含的智慧性和创造性是人类劳动的本质特征。

（一）劳动的创造性

劳动起因于人类生存发展对物质产品的需要，是人类付出体力、脑力以获取物质生活资料的活动。人类在劳动过程中能动地改变自身所生活的自然条件与环境，使之按照人的意志发生变化，以适应人类生存、发展对物质产品的需要。因此，人类劳动与动物本能的区别就在于劳动是人类为改变外部环境、适应自身物质生活需要而进行的有目的、有意识的活动。尽管动物可以做出一些类似人的活动，但是这些行为并不是它们的意志所为，而是在周围环境的刺激和逼迫下本能的生存竞争。人类劳动起源于制造工具，在劳动过程中，人的意识始终起着支配作用，各类生产工具从无到有的制造过程充分体现了人类劳动的创造性。人们在生产实践中与自然界接触，产生了对自然的认识，这种认识经过感性认识上升至理性认识，理性认识再应用于实践。经过这个过程的反复，人们对自然规律的把握和运用能力逐步提高，劳动的创造性也不断提升。这使人类自身蕴含的自然力能够以多样的方式改变外部环境，促进劳动生产率提高和产品种类的丰富，不断满足人们各方面的需要。此外，人类通过劳动还增加了彼此之间的联系与协作，促进了人们的交往，形成了人们之间的社会关系。人类社会就是在劳动实践中不断向前发展进步的。作为人类劳动的核心特征，创造性反映了人类劳动的本质特征。

（二）创造性的劳动

虽然人类劳动具有创造性的一般特征，但并不是所有的劳动都可以称为创造性劳动。劳动产品是人类劳动的物化，是人类通过劳动对自然物质进行改造或创造的结果。根据劳动产品是否先前已经存在，我们可以将劳动划分为重复性劳动和创造性劳动。重复性劳动的成果主要是人类已有或部分已有使用价值，表现为劳动成果的量的积累。而创造性劳动更多强调的是一个从无到有的过程，是通过人类体力和脑力的消耗最终创造或改进某种产品、技术、方法、思想、理论的过程，主要表现为劳动成果的质的突破。创造性劳动的成果不仅包括物质财富的创造，如指南针、电话机、内燃机、青霉素、计算机等物品的发明创造；也包括精神财富的创造，如文学家的文学作品、音乐家的音乐作品、爱因斯坦提出的相对论、马克思提出的剩余价值论等。创造性劳动的成果还包括社会组织的创造，如不同的社会制度、不同的公司制度等。我国当前国有企业实行的混合所有制改革，通过引入国内民营资本和外资参与国有企业改组改革，打破股权结构限制，进一步优化国有企业股权结构，建立健全现代企业制度，促进了生产力的发展，这就表现为一种社会组织的创造。

（三）创造性劳动与重复性劳动

从劳动的一般意义上来看，创造性劳动和重复性劳动都是人类体力和脑力支出的过程，人类劳动的任何具体形态都要靠体力、脑力的支出来实现。在抽象劳动的形态上，无论是生产人类已有或部分已有使用价值的重复性劳动，还是生产人类未有或部分未有新质使用价值的创造性劳动，不同使用价值生产的劳动具体形态已经被抽去，留下的是人类劳动共同的、无差别的性质。从劳动可以分为具体劳动和抽象劳动的二重性来看，正是在生产劳动中一般的、无差别的人类劳动凝结形成了商品价值。在劳动的抽象形式上，创造性劳动与重复性劳动没有质的差别，只有量的差别。就使用价值说，有意义的只是商品中包含的劳动的质，就价值量说，有意义的只是商品中包含的劳动的量，不过这种劳动已经化为没有质的区别的人类劳动。在前一种情况下，是怎样劳动、什么劳动的问题；在后一种情况下，是劳动多少、劳动时间多长的问题。不管生产的是已有使用价值还是新质使用价值，在人类社会生产生活的过程中，创造性劳动和重复性劳动作为抽象劳动，都能够创造新价值，是价值的唯一源泉。因此，从这个意义上来说，重复性劳动和创造性劳动都是创造财富的劳动，没有高低贵贱之分，任何一份职业都很光荣。不能认为从事复杂的、以脑力劳动为主的创造性劳动就比重复性简单体力劳动更为重要。普通劳动者在平凡的岗位上，勤勤恳恳、任劳任怨、默默无闻地奉献着自己的智慧和汗水，对社会发展、时代进步、国家富强所做的贡献、发挥的作用同样不容忽视，同样值得全社会尊敬。

二、创造性劳动的特点

创造性劳动通过人类体力和脑力的消耗创造出无数种类的前所未有的使用价值，满足人们各方面的需要。作为一种特殊的人类劳动形态，创造性劳动既具有人类劳动的一般特点，同时又具有其独特性。

（一）能动性

劳动是人类所特有的活动，是一种有目的、有意识的能动活动。无论是创造性劳动还是重复性劳动，都是人类独具的主观能动性的表现。人的意识始终在劳动过程中起着支配作用，正是人的思维和意识使劳动表现为不同的形态。做什么、怎么做是在劳动之前和在劳动过程中由人的思维和主观意识决定的。创造性劳动来自人类思维的创造性，重复性劳动或模仿性劳动来自人类思维的重复性和模仿性。创造性思维决定了创造性劳动，培养和锻炼创造性思维方式对于进行创造性劳动至关重要。

（二）对象性

劳动过程是劳动者充分发挥主观能动性、借助劳动资料将自己的劳动传导到劳动对象上的过程。在劳动过程中，劳动者处于主动地位，对劳动过程起着主导和推动作用。劳动对象则是劳动过程的客体，在劳动过程中转化为满足人们各种需要的属性的物，也就是劳动产品，体现了劳动的对象性，是对象化的知识力量。劳动产品作为物化劳动的形式，满足人们需要的属性表现为它们的有用性，这种有用性就是劳动产品的使用价值。创造性劳动的本质特征就表现为在创造性思维的主导下生产和创造出前所未有的新的使用价值的过程。

（三）实践性

创造性劳动是在劳动实践中完成的，在劳动实践中才能使创造性劳动的主观能动性和客观对象性相结合转化为有用的劳动产品。如果空有创造性的思维或者创造性的灵感，并没有付诸实践使其通过创造性劳动过程转化为劳动成果，就不能将其称为创造性劳动。光有想法没有行动永远都是空中楼阁，离开了创造性劳动的实践过程，再好的想法与灵感也无法转化为有用的劳动产品。因此，只有仰望星空与脚踏实地并存者才能走到远方。只有在做中学、做中思、做中行，做到知行合一，才能实现理论与实践相统一，才能在劳动实践的过程中提高大学生的知识水平和创造性劳动的能力与素养。

（四）累积性

通过创造性劳动生产和创造出新的使用价值并不是一蹴而就的，而是一个不断重复、循环累积的过程。只有在不断重复的过程中才能发现更好的方法和路径，最后创造出新的产品、技术、方法或者理论。如果说创造性劳动更多地表现为劳动产品的质的突破，重复性劳动表现为劳动产品的量的积累，那么重复性劳动是创造性劳动的基础，没有重复性劳动的量的积累就没有创造性劳动的质的突破。可见，创造性劳动是一个由简单到复杂、由低级到高级的过程，也是一个在重复性劳动和模仿性劳动过程中不断积累创造性因素的基础上实现创造的发展过程。

三、创造性劳动的类型

人类进行劳动首先是源于自身物质生活的需要。人们通过劳动改造自然，以便生产出生活所需的各种物质产品。随着科学技术进步和社会分工不断深化，劳动生产力的提高使生产过程中的剩余产品不断增加，因而可以使一部分社会成员脱离生产劳动，去从事物质生产以外的各种活动，例如认识自然规律及运用自然规律的科技活动、传播知识和启迪智慧的教育活动、获得以及维护人类健康的医疗活动等。因此，根据人类劳动形式的历史逻辑演变，可以将创造性劳动划分为创造性生产劳动和创造性非生产劳动两种类型。

（一）创造性生产劳动

生产性劳动是其他各种劳动的基础。正是生产性劳动创造的物质财富为其他形式的劳动提供了物质基础。创造性劳动包括创造和形成新的产品。创造性劳动还包括在生产过程中对生产工艺的改进和突破，如对生产工艺流程、加工技术、操作方法、生产技术装备等方面的生产技术的开发和改进。

（二）创造性非生产劳动

创造性非生产劳动包括文化、艺术、科学、教育、医疗、社会管理等不同形式劳动。例如，创造性科研劳动是人们有目的、有计划、有意识地在已有认识的基础上，运用科学研究的方法，探索自然现象和社会现象的规律的过程。创造性艺术劳动则展现了人类在身体、智慧以及精神方面的发展追求。创造性艺术劳动尽管不像物质生产活动那样作为人类生存、发展的手段而存在，但却作为人类本质体现的目的而存在。

第二节 创造性劳动能力与方法

当今世界正处在大发展、大变革、大调整时期,创新创造能力成为综合国力竞争的决定性要素,也是衡量一个国家核心竞争力的基本标志。培养和提高创造性劳动能力不仅是实现中华民族伟大复兴的战略抉择,同时也是大学生自身成长成才的内在需要。创造性劳动能力是在学习工作中逐步养成,在劳动实践中表现和发展起来,对促进创造成果的产生起导向和决定作用的大脑思维能力和劳动实践能力的综合体现,也就是在劳动过程中发现和解决新问题、提出新设想、创造新事物的能力。创造性劳动能力主要包括创造性劳动意识、创造性劳动思维、创造性劳动知识三个维度。

一、创造性劳动意识

创造性劳动意识是根据社会和个体生活发展的需要,发现、发明和创造人类未有或部分未有新质使用价值的动机,并在劳动过程中力求产生创造性劳动成果的思想观念。创造性劳动意识是创造性劳动的出发点和内在动力,在劳动实践过程中体现为一种求新求变和求真求实的意识。

(一)主观能动的意识

创造性劳动意识包括创造性劳动的动机、意向和期望。动机是引起思考或行为的直接原因,动机的产生与人的期望有关;期望是人们希望达到目标或满足需求的心理活动,期望一旦成为驱使人们行动的力量,就会形成动机,成为推动人们进行某种活动的强大动力。人们根据社会和个体发展的需要,引起创造动机,表现出进行创造性劳动的意向和期望,这种创造意向和愿望就是创造性劳动意识。劳动是人类有目的、有意识的能动活动,是一个主观见之于客观的过程。人与动物的根本区别就在于人有主观能动性。人们在认识世界、改造世界中,总是抱有一定的目的和动机去行动。蜜蜂筑巢、蜘蛛织网的行为看似有某种预定的目标和计划,实则是一种动物本能的活动。人类的劳动形式无论是创造性劳动还是重复性劳动,都源于人类的主观意识。

(二)求新求变的意识

创造性劳动是一个从无到有的过程,是不断推陈出新、破旧立新的过程。进行创造性劳动，要努力培养和形成一种求新求变意识，要有意识地抛开头脑中以往思考类似问题所形成的思维定式，排除以往的思维模式对寻求新的设想的束缚，勇于对传统的观点和固化的模式提出挑战和质疑。古训有"木秀于林，风必摧之"，民谚有"枪打出头鸟"等，这使我们往往缺乏一种创造的内在冲动。因此培养创造性劳动意识，就是要培养和形成一种敢于抛弃旧观念和旧事物、不断追求新知识、勇于创造新观念和新事物的意识。

（三）求真求实的意识

创造性劳动是生产和创造出前所未有的新的使用价值的过程。要使创造性劳动成果具有使用价值，就要尊重客观规律。规律是客观的，它是不以人的意志为转移的，既不能被创造，也不能被消灭。寻找和发现事物客观规律，按照规律办事，就是求真求实的过程。一方面，创造性劳动只有符合客观规律和需要，才能转化为创造性劳动成果，成为推动自然和社会发展的动力。另一方面，求真求实本身就是进行创造性劳动的过程。例如，科学研究活动作为一种创造性劳动，主要目的就是认识世界，寻找客观世界的内在规律，也即通常所说的追求真理的过程。

二、创造性劳动思维

思维是人脑对客观事物概括的、间接的反映。思就是思考，维表示方向，思维可以理解为沿着一定方向进行思考。创造性劳动思维是人们从事创造性劳动时大脑中发生的思维活动。不同于常规思维，创造性劳动思维是人类认知新领域、开创人类认知新成果的思维活动，是以感知、记忆、思考、联想、理解等能力为基础，以综合性、探索性和求新性为特征的高级心理活动。创造性劳动思维具有独创性、灵活性、非逻辑性和不确定性等特点。

（一）独创性

创造性劳动思维往往需要打破常规思维形成的思维定式，能从多角度、多侧面、多层次、多结构去思考，通过独特、新颖的思维过程发现和创造新事物，既不受现有知识的限制，也不受传统方法的束缚。这意味着创造性劳动思维要用新的思考程序和思考步骤进行试探和尝试。同物理学中的惯性一样，人的大脑思维也存在着思维惯性。一旦沿着一定的方向、按照一定的次序长期思考某一问题，当再次碰到相同或类似的问题时，还是会沿着上次思考的方向或次序去思考，从而形成一种相对固定的思维模式，即思维定式。思维定式尽管可以帮助人们利用已有的方法快速解决问题或形成良好的秩序，如遵守交通规则和按次序排队等。但是，思维定式会将人的思维方式局限在已知的、常规的解决方案上，促使人们沿着思维惯性的方向去行动，从而阻碍了创造性劳动的产生。创造性思维的首要特点就是独创性,要突破已有的思维定式,或者在思路的选择上,或者在思考的技巧上,或者在思维的结论上,具有前所未有的独到之处,具有一定范围内的首创性、开拓性。

(二)灵活性

创造性劳动思维并无现成的思维方法和程序可循,所以它的方式、方法、程序、途径等都没有固定的框架。创造性思维活动在考虑问题时能够迅速地从一个思路转向另一个思路,能够变换视角看待同一问题,可以根据不同的对象和条件,具体情况具体对待,灵活应用各种思维方式,多方位地探究解决问题的办法,因此创造性思维活动就表现出不同的结果或不同的方法、技巧。

(三)非逻辑性

创造性思维活动是一种开放的、灵活多变的思维活动。它的发生伴随有"直觉""灵感""顿悟"之类的非逻辑思维活动,往往因人而异、因时而异、因问题和对象而异,所以创造性思维活动具有极大的特殊性、随机性。人类关于创造性劳动思维和创造性劳动的成功范例验证了"灵感""顿悟"等非逻辑思维活动在创造性劳动思维中的不可替代性。只有捕捉灵感、实现顿悟,创造性劳动才能实现前所未有的突破。创造性思维的过程,一般既包含逻辑思维,又包含非逻辑思维,是两者相结合的过程。

(四)不确定性

创造性思维活动从现实的活动和客体出发,但它的指向不是现存的客体,而是一个潜在的、尚未被认识和实践的对象。创造性思维的对象或者是刚刚进入人类的实践范围、尚未被人类所认识的客体,人们只能猜测它的存在状况,或者是人们虽然对其有了一定的认识,但认识尚不完全,还可以从深度和广度上加以进一步认识的客体,这两类客体无疑带有潜在性。由于创造性思维活动是一种探索未知的活动,因此要受着多种因素的限制和影响,如事物发展及其本质暴露的程度、实践的条件与水平、认识的水平与能力等,这就决定了创造性思维并不是每次都能取得成功,甚至有可能毫无成效或者做出错误的结论。

三、创造性劳动知识

知识是思维能力的重要组成部分,是人们在实践过程中积累起来的认识成果,人们运用和处理这些知识和信息时所组织起来的思想活动便是思维。因而可以说,知识是人类思维活动的基础和质料,不同内容、不同层次、不同形式的知识通过人的思维相互结合、协同、补充抑或对立、排斥、分离,形成了各个领域、各个时代的新知识、新理论。创造性劳动与简单的重复性劳动不同，在创造新产品、新技术、新方法、新思想或新理论的过程中必然要以掌握一定的知识为基础，通过对已有知识进行消化、吸收、加工，从而创造出前所未有的新使用价值。创造性劳动的完成绝非偶然，人的创造性劳动思维总是需要知识积累到一定程度才可能发生。如果对于事物只有些片面了解，支离破碎的知识将很难提供出创新思维的条件，可见创造性劳动必须建立在一定的知识积淀的基础上。

知识分成显性知识和隐性知识两种类型。显性知识指的是能够明确用数字、语言、图表和实物等加以表达或传播的知识，可以通过口头传授、教科书、参考资料、期刊、专利文献、视听媒体、软件和数据库等方式获取。大学生在校学习过程就是一个相关专业显性知识的获取和接收过程。隐性知识或默会知识指的是一种主观的看法或情感，难以从具体情境中剥离出来，是一种不能被编码的知识，只有通过非正式的学习行为和程序来获得。显性知识和隐性知识组成了知识的共同体，彼此不断地碰撞从而产生新的知识。创造性劳动过程就是一个通过隐性知识和显性知识二者之间的互相作用、互相转化而形成的螺旋上升的知识转化和知识创新过程，即知识螺旋模型。

（一）社会化阶段

社会化是将共享经验转化为隐性知识的方式，是显性知识转化为隐性知识的方法。在社会化阶段，个体通过观察和对话交流，直接从他人那里获取新知识，实现了隐性知识从一个主体向另一主体的传播。知识的不同类型决定了它被创造和传播的成本以及难易程度。显性知识可以通过有形的形式或某种方法来实现传播。相比较而言，隐性知识创造和传播的成本和难度则更高。隐性知识一般需要大量的时间来获得，但也可以通过"干中学"的方式来获取。隐性知识的传播一般需要一个社会化和学习的过程。例如，在劳动实践过程中，学徒们在和师父一起工作时，直接观察、模仿和练习学习各种技艺就是一个隐性知识学习的过程。

（二）外部化阶段

外部化阶段是将隐性知识表述为显性概念的过程，是对认识与发现本质的概括。通过类比、隐喻、假设或模型等形式将隐性知识外显化，转化为容易理解和接受的形式。将隐性知识转化为显性知识是典型的创造性劳动过程。人们将自己的经验、知识转化为语言可以描述的内容，是从感性知识提升为理性知识、将经验转变为概念的过程。

（三）组合化阶段

组合化阶段是将各种概念进行连接和系统化，是一个建立重复利用知识体系的过程。

组合化是显性知识转化为隐性知识的方法，主要是信息采集、组织、管理、分析和传播。在这一过程中，信息在不断聚合过程中产生新的理念。由于个体知识并不能直接共享，可以进行传递的仅仅是知识中的有关观点和信息。因此他人在接收信息后，要对其进行深入感知、理解和内化，然后才能形成自己的新知识。大学生的课堂和课外学习过程就是一个不断接收和组合显性知识的过程。通过显性知识的学习，逐步构建和完善自身的知识体系，只有对特定事物的知识自成一体以后，才能为创造性劳动提供一个生产新知识的思维空间。如果知识结构不合理，思想僵化、观念陈旧、知识单一，就难以接收新信息，更难以接受和建构新思想。而且知识越多，结构越合理，就越容易使人有能力迅速抓住许多思想，并把较多的思想互相比较，从而提高创造性劳动能力。

（四）内部化阶段

内部化阶段意味着新创造的显性知识又转化为隐性知识，其目的在于实现知识的应用与创新。例如，发现事物运动的新规律或是发明一项新的科技成果，意味着对原有的理论、学说的突破或是对现存的技术、产品的超越，也意味着为现有的知识体系增添了新内容。现有的理论、学说等精神性成果和工具、技术、产品等物质性成果，都是人类创造性劳动的产物，而生产和创造这些文明成果的人类思维和实践，必然内化于人脑，积淀为人的思维方式。因此，显性知识隐性化表面上是对现有认识和现存事物的超越，实质上就是对人们现有的思维方式的超越。而这种超越的本质就是根据解决问题的需要，在头脑中对原有的知识、经验、观念、方法等进行新的组合，特别是对现有的知识结构进行优化与重组，经过内部化阶段，创造性劳动能力得到提高，知识管理完成一个基本循环。

四、创造性劳动方法

创造性劳动方法是对前人通过创造性劳动得到创造性成果所运用的各种具体方法和技巧的统称。通过了解和学习创造性劳动方法，我们至少可以了解到创造性劳动可以按照一些具有很强操作性的程序来完成，达到事半功倍的效果。但需要注意的是，创造性劳动不同于重复性劳动的地方就在于没有固定的方法可遵循。正如掌握了作曲方法并不意味着能够写出优美的曲调、学习了语法并不代表能够写出有影响力的文学作品一样，创造性劳动方法只能提供一些创造性劳动的基本原则和可供参考的技巧。只有在掌握了方法的前提下，灵活、熟练地应用这些方法，才能有效地开展和完成创造性劳动。

（一）逆向思维法

逆向思维法是指在常规的逻辑思维过程不能奏效的时候，通过运用不同于常规的逻辑推导进行思考，从而实现创造发明的方法，也就是我们常说的"反其道而行之"。逆向思维并不是主张人们在思考时违逆常规，不受限制地胡思乱想，而是训练一种小概率思维模式，即在思维活动中关注小概率可能性的思维。逆向思维是发现问题、分析问题和解决问题的重要手段，有助于克服思维定式的局限性，是完成创造性劳动的重要方式。

（二）发散思维法

发散思维法是从一个目标或思维起点出发，沿着不同方向，顺应各个角度，提出各种设想，寻找各种途径，解决具体问题的思维方法。发散性思维方法要求我们想得多、想得散、想得奇、想得新。同样的问题运用发散性思维从不同的角度和方向去思考往往会有意想不到的结果出现。

（三）类比法

类比法是在两种以上不同的事物之间找出相同点，或者在看似相同的事物之间找出不同点。类比法是开展和完成创造性劳动的重要方法。正如德国哲学家康德所说："每当理智缺乏可靠论证的思路时，类比这个方法往往能够指引我们前进。"类比法是一种从特殊到特殊的"由此及彼"的逻辑思维过程，在探索经验不足、资料欠缺和其他方法难以奏效时，运用类比法可能会发现特殊事物之间的联系，而且类比的方法可以进一步具体化为模拟方法。运用类比法取得创造性成果，这样的例子在人类创新创造史上不胜枚举。

（四）组合法

组合法就是将两个或两个以上的要素、手段、原理或产品，或几个各自独立的发明等结合成一体，往往会产生新的发明（如新材料、新工艺、新产品、新设备）的一种创造技法。很多创造性劳动成果都是通过组合法实现的。组合法包括功能组合、构造组合、成分组合和材料组合等。其中，功能组合就是把不同物品的不同功能、不同用途组合到一个新的物品上，使之具有多种功能和用途。按摩椅就是按摩功能和椅子功能的结合体。构造组合是把两种东西组合在一起，使之有了新的结构并带来新的实用功能。比如，房车就是房屋与汽车的组合，它不仅可以作为交通工具，还可以作为居住的场所。成分组合是将两种成分不相同的物品组合在一起后，构成一种新的产品。比如，柠檬和红茶组合在一起，就成为柠檬茶。材料组合是将不同材料组合在一起，不仅可以改善原物品的功能，还能带来新的经济效益。例如，现在电力工业使用的远距离电缆，内芯用铁制造，而外层则用铜制造，由两种材料组合制成的新电缆，不仅保持了原有材料的优点（铜的导电性能好，铁的硬度高），还大大降低了输电成本。

（五）头脑风暴法

头脑风暴法，又称智力激励法、BS法。它以小型会议为组织形式，让所有参加者在愉快的气氛中畅所欲言，自由交换想法或点子，并以此激发与会者创意及灵感，使各种设想在相互碰撞中激起脑海的创造性"风暴"。随着科学技术的进步，创造性劳动日益社会化，创造性劳动的方式也由主要依靠个人的聪明才智发展到依靠集体的智慧，集体智慧在创造性劳动中发挥的作用越来越突出。采用头脑风暴法组织群体决策时，小组人数一般为 10~15 人，最好由不同专业或不同岗位者组成。时间一般为 20~60 分钟，设主持人一名，主持人只主持会议，对设想不做评论。主持人以明确的方式向所有参与者阐明问题，说明会议的规则，尽力创造融洽轻松的会议气氛。主持人一般不发表意见，以免影响会议的自由气氛，而是由专家们"自由"提出尽可能多的方案。

第三节 大学生创造性劳动能力的培育

劳动作为人类最基本、最重要的存在方式，既是培养人、塑造人的重要手段，实现人的解放和自由全面发展的根本途径，具有树德、增智、强体、育美的综合育人价值，也是获取知识、积累知识、创新知识并将知识不断系统化的重要手段和根本途径。在实践中，只有将正确的劳动价值观、端正的劳动态度、优良的劳动品德、良好的劳动习惯与从事创造性劳动所必须具备的知识、技术、智力等因素有机结合，才能将劳动技能转化为劳动成果，源源不断地创造财富、产生价值。大学生作为中国特色社会主义事业的建设者和接班人，首先要确立正确的价值导向，理性地认识自己的专业和未来将要从事的行业与岗位，将自己的需求和社会的发展需要结合起来，在此基础上通过专业知识的学习和实践锻炼不断提升创造性劳动能力。

一、价值引领：树立创造性劳动正确的价值导向

思想决定行动，树立什么样的劳动价值观直接影响着人们对劳动的态度和行为。大学生培养和提升创造性劳动能力，要在学习专业知识的同时逐步理解和形成明确的劳动观，树立正确的劳动价值观，厚植热爱劳动、热爱创造的情感态度，培养辛勤劳动、诚实劳动、创造性劳动的优良品德。

（一）树立正确的劳动价值观

劳动价值观是劳动者对劳动的思想认识、根本看法，它直接决定着劳动者的价值判断、情感取向与行为选择，是劳动素养和劳动能力的核心内容。劳动价值观一旦形成，就成为一种"先入为主"的立场和态度，成为一种思维定式和行为倾向，在实践中指导和支配着人的理想信念、价值取向、思想境界、道德操守与行为准则。

大学生培育和提高创造性劳动能力，应结合唯物史观教育和劳动科学知识的学习，充分认识"人民创造历史，劳动开创未来。劳动是推动人类社会进步的根本力量"的真理性意义，真正明白"劳动是财富的源泉，也是幸福的源泉"的道理，真切体验在劳动创造中"把自己的理想同祖国的前途、把自己的人生同民族的命运紧密联系在一起，扎根人民，奉献国家"的幸福感。在崇高的劳动价值观的指引下，无数的科研工作者自觉把个人理想与祖国命运、个人志向与民族复兴紧紧联系起来，把爱国之情、报国之志融入建设祖国的伟大事业中，融入人民创造历史伟业的伟大奋斗中，真正实现了创造性劳动的价值。

（二）厚植真挚情感

劳动情感态度是劳动者的个性心理特征的反映，是个体在一定劳动价值观支配下、在长期劳动情感体验基础上形成的一种相对稳定的对待劳动的心理倾向。新时代劳动情感态度教育既要强调热爱劳动、勤于劳动，又要强调热爱创造、善于劳动。因为热爱劳动、热爱创造是立业为人的根本，是实干兴邦的基石，更是富民强国的动力。大学生培育热爱劳动、热爱创造的情感态度，一方面要培养热爱劳动者的真挚情感，真正做到"任何时候任何人都不能看不起普通劳动者，都不能贪图不劳而获的生活"；另一方面要在专业学习和实践锻炼中形成创造性劳动意识，提升创造性劳动思维能力，构建科学、合理的知识体系，掌握创造性劳动的方法与技巧，不断培育"热爱创造"的真挚情感。

（三）培养优良劳动品质

辛勤劳动、诚实劳动、创造性劳动具有内在的逻辑统一性。辛勤劳动是诚实劳动、创造性劳动的前提和基础。"一勤天下无难事""民生在勤，勤则不匮"，这些中国人自古秉承的劳动信念在新时代依然熠熠生辉，"坚持艰苦奋斗，不贪图安逸，不惧怕困难，不怨天尤人，依靠勤劳和汗水开辟人生和事业前程"依然是新时代大学生需要发扬的美德。诚实劳动是辛勤劳动的表现，也是创造性劳动的前提。大学生要深刻理解新时代的劳动者"不仅要有力量，还要有智慧、有技术，能发明、会创新"的道理，要以科学家、大国工匠和劳动模范为榜样，胸怀理想、脚踏实地、勤奋学习、锐意进取、敢为先锋、勇于创造，不断谱写新时代的劳动创造之歌。

二、厚积薄发：掌握创造性劳动必要的知识与技能

知识是创造性劳动能力的基础，创造性劳动必须建立在一定的知识、技术、技巧之上。大学生提高创造性劳动能力不仅要通过各方面知识的学习构建合理完整的知识体系，还要注重新知识、新技术、新工艺、新方法的应用，以及在实践中培养和锻炼综合运用这些知识、技术、技巧的能力。

（一）构建合理完整的知识体系

基础知识、专业基础知识和专业知识是构成大学生知识结构基本框架不可或缺、相互支撑的三类知识。完成创造性劳动不仅需要掌握一定的专业知识，其他方面的基础知识和专业基础知识同样发挥着重要作用。一些同学可能认为，大学学习既然有经管法类、文史哲类、教育学类、理工类、农学类、医学类和艺术类等专业的区别，并且以就业为主要目的和导向，因此就应把精力放在专业知识的掌握上，基础性的知识可学可不学。而且在不同的基础性知识中，只重视专业基础知识而忽视其他各种基础性知识的倾向在大学生中也较为普遍。一些同学认为基础性知识的范围仅限于与本专业直接有关系的基础知识，而把诸如社会生活中的一些常识类的事实现象类知识、作为思维方法的哲学知识、规范人们行为方式的伦理道德和政策法规知识等都排除在基础知识范围之外。最终的结果就是造成知识面狭窄、基础知识薄弱、学习活动局限于某一专业领域，缺少一些必要基础理论知识修养，影响了创造性劳动能力的提升。可见，大学生要想提高自身的创造性劳动能力，必须全面掌握基础知识、专业基础知识和专业知识，通过构建合理完整的知识体系为完成创造性劳动奠定坚实基础。

（二）注重新知识、新技术、新工艺、新方法的应用

随着科学技术的快速发展，以互联网、大数据、云计算、人工智能、区块链、物联网等为代表的新知识、新技术、新工艺、新方法不断涌现，使劳动者的工作环境和工作方式发生巨大变化。生产、管理、研发、销售等不同的工作岗位对劳动者素质和技能水平的要求不断提高，越来越多的重复性的熟练工作岗位将被智能机器所取代，劳动者的人机交互能力、灵活处理各种实际问题的能力以及创新创造能力变得越来越重要。而且互联网将不同领域的信息有效连接起来，将生产、流通、服务等环节打通，更有利于培育出新产品、新模式和新业态。"互联网＋"不仅催生了技术创新、产品创新，还带动了商业模式创新、平台模式创新、服务模式创新、盈利模式创新、机制创新、文化创新、运营模式创新和观

念创新。因此，大学生要紧跟科技发展和产业变革的步伐，准确把握数字经济时代劳动工具、劳动技术、劳动形态的新变化，不断扩充和完善自身知识体系及结构，在学习和生活中培养和树立互联网的思维逻辑，不断提升创造性劳动能力。

（三）在实践中培养创造性解决问题的能力

实践教学（包括实验、实习、实训等环节）是深化课堂教学的重要环节，是获取、掌握知识的重要途径。其中，实验教学作为课堂理论教学的辅助，通过实验可以加深对课堂上所学理性知识的理解，实现感性知识与理性知识的融会贯通；实习是专业教学阶段性的认识性实践教学，是理解专业知识、熟悉专业设备和掌握操作技能的必要实践环节，有助于大学生了解本专业所对应的岗位、所从事工作的内容和对工作人员能力与素质的要求；实训是对单项能力和综合技术应用能力进行的训练，是应用型实践教学，通过实训可以掌握从事专业领域实际工作的基本操作技能和基本技术应用能力。因此，大学生应通过实验、实习、实训等实践教学提高动手能力。只有在做中学、做中思、做中行，才能真正切身体会"纸上得来终觉浅，绝知此事要躬行"，才能不断提高运用专业知识和技能解决实际问题的能力和创造性解决问题的能力，真正实现理论与实践相统一，为日后走向职场奠定基础。

三、行胜于言：在创新创业中提升创造性劳动能力

随着国家层面对高等教育的创新战略要求，大学生已经走向社会发展与进步的大舞台，成为实施创新驱动发展战略和推进大众创业、万众创新的生力军。大学生应充分利用好学校提供的创新创业平台，在创新创业中培养创造性劳动意识，掌握创造性劳动思维方式，将创造性劳动知识运用到创新创业实践中，并在实践中尝试不同的创造性劳动方法，最终培育和提升自身的创造性劳动能力。

这里需要注意的是，大学生在创新创业教育过程中，千万不能走入只有创业才是创造性劳动的误区，更不能认为只有成功地创业才是创造性劳动。创新教育的目的是培养大学生的创新意识、创新思维和创新能力，注重对想象力、问题意识、批判精神的培育。创新精神可以体现在科学、技术和文化等方方面面的创造中，而不仅仅是创办公司。创业教育则是培养大学生对社会经济，尤其是对新产业、新业态、新技术发展、新商业模式的认知能力，能够敏锐地捕捉商业机遇，从而将学到的知识应用到社会的生产发展实践当中去，推动产业升级和经济社会发展。尽管我们鼓励大学生创新创业，但大学的创新创业教育，并不是为了让每个大学生都成为"老板"，而是培养创造性劳动意识和思维，掌握创造性劳动方法，在创新创业中真正提高创造性劳动能力。

创造性劳动不是少数人的专利，也不是高不可攀的；创造性劳动不分成就高低，它体现在生活的点点滴滴当中，既可以是新产品、新技术的突破，也可以是工艺、过程或者体验改进上的创意。因此，无论是否会选择创业的道路，每个大学生都应努力在"互联网+"时代乃至今后任何快速变化的时代中，通过创造性劳动创造属于自己的价值，为社会创造更大的价值。

第五章 大学生立体化德育途径

第一节 大学生立体化德育概述

21世纪是一个充满机遇和挑战的新世纪。随着全球化、信息化进程的不断加快，知识经济的竞争、意识形态领域的渗透，对青年一代的争夺越来越激烈，我国经济、科技、安全将面临更大的挑战。这样复杂化的社会背景，对我国高校德育提出了新的要求。如何加强和改进大学生思想道德教育、不仅事关广大青年学生的健康成长，而且关系着整个国家和民族的前途和命运。增强高校德育的影响力和实效性，不仅是理论界和教育界相关人士、学者所关注的热点问题，更是整个社会所关心的民心问题、希望问题和社会问题。高校德育不仅是学校教育，更应是学校教育、家庭教育、社会教育三者之间协调互动、共同作用的教育。如何建立一种全方位、多渠道、多角度、多因素积极影响，作用方式生动、形象、具体、真切的立体化德育模式，是值得深入研究并在德育教育中具有十分重要的理论意义和实践意义的事情。

高校立体化德育的内涵比较丰富，外延也较宽泛，作为一个新的概念，到目前为止，学术界尚未对其做出一个准确的定义。然而，高校立体化德育的含义与特征是立体化德育体系中最基础的部分，因此，有必要就"高校立体化德育"的内涵和外延进行分析，力图弄清楚各种概念间的关系。

一、高校立体化德育概念的界定

（一）立体化概念界定

所谓立体，是相对平面而言的。平面的特征是仅有二维性，立体具有三维性，并且立体化德育的"立体"不局限于空间限定，而且有时间的延续性，是多维度、全方位和运动变化的。进而，立体也更加突出完整性，它不仅具有三维的空间要素、一维的时间要素和运动变化的过程，而且有颜色、气味、声音、氛围等要素参与，与平面二维度相比更加直观、生动、形象、真实。"化"则包含转化之含意，完全彻底的意思，前者讲过程，后者说结果的状态。立体化的概念就是指由平面向立体转变的过程和通过这个过程所追求的结果。

（二）立体化德育概念界定

立体化德育是相对于平面化德育而言的，是一种全方位、多渠道、多因素共同作用的生动、形象、丰富、真切的德育。简言之，就是一种追求真情实感的德育。

立体化德育概念也有广义和狭义之分。

广义的立体化德育，是"学校、家庭、社会"三位一体的立体化德育。狭义的立体化德育，专指高校立体化德育。

高校通过建立立体化德育内容体系、立体化德育渠道、立体化德育环境、立体化德育教育体系、立体化德育作用方式等各个方面实现高校立体化德育。由于高校和大学生属于社会的组成部分和成员，高校德育研究不可能完全封闭、孤立地来进行，所以，立体化德育研究也必然涉及家庭和社会的教育作用和影响。

二、高校立体化德育的内涵之辨

（一）平面化德育与立体化德育

平面化德育与立体化德育，是围绕同一教育目的而采取不同的德育方式。平面化德育是运用相对单一、静态、抽象、枯燥的途径和方法，对大学生进行思想道德教育和道德品质的教育。

平面化德育是以单纯的文字和语言为特征的。它以报纸、杂志、书籍、录音、广播、墙报等为主要工具，采取讲授、报告、宣传的德育方式。其不足之处是，实施过程带有一定程度的时空上的局限性，内容也相对抽象，途径单一，方法静态。

而立体化德育相比平面化德育有着截然不同的德育方式。

立体化德育是立体的、多信号刺激的、多渠道影响的、全方位作用的德育。它使用多媒体、网络、手机、影视等传媒工具或创造富有教育影响的软硬环境，或设置学生实践体验的场合和条件，运用丰富、生动、形象、真切的教育方式，使学生在生动活泼、轻松愉快的氛围或环境中，接受德育教育或受到潜移默化的影响。

高校立体化德育特点具体体现在以下方面：

第一，高校立体化德育的教育影响来源是多渠道、多方面、多因素的，既有宏观意义上的大环境影响，也有微观意义上的小环境影响。通过大学生所接触的所有人、事、物活动接受不同程度的教育影响。

第二，高校立体化德育教育过程生动、内容真实，让学生有身临其境的感觉，有真情实感的感受。

第三，高校立体化德育媒介和手段更加趋向于现代化。例如，运用网络、影视等传播媒介，形成"声、形、图、文"等为一体的德育教育传播方式，适合青年学生身心特点，运用学生喜闻乐见的方法。

第四，立体化德育方式克服了平面德育的时空局限，具有影响渠道多、覆盖面宽、渗透力强的特点。

（二）立体化德育与德育立体化

如前所述，立体化德育是不同于平面化德育的一种新的德育方式，是一种全方位、多渠道、多因素共同作用的生动、形象、丰富、真切的德育。而德育立体化，则是由平面化德育向立体化德育转化的过程和所追求的目标。

德育立体化可以分成三个层次。第一层次，是通过书面语言或口头表述的方式，对学生进行德育教育活动，通过形象生动的描述，借助形象思维而实现德育立体化过程。

第二层次，是通过电影、电视等影像手段，直接作用于大学生的听觉和视觉器官，给予大学生以立体的感受，称为间接的立体化。

第三层次，是让大学生直接进入某项具体的实践活动之中，使多种刺激信号同时作用于学生视觉、听觉、触觉等感觉器官，感受真实存在的场景和真实过程，得到真实体验。

德育立体化也是一种完全彻底的立体化，但是，这只是一种理论意义的状态和目标。实际上，我们在追求立体化德育的同时，也不能否认平面化德育的作用和效果。

三、高校立体化德育的主要构成要素

（一）高校立体化德育的主体

德育主体和德育客体是德育过程中的两个基本因素。两者间的关系是德育过程中最基本的关系。纵观德育的发展历程，不难得出，传统教学中，德育模式基本为"主体——客体"德育活动：德育工作者为德育主体，德育对象被视为被动接受的德育客体，德育工作者采取单向灌输的方法，将德育内容灌输给大学生，此种方式很大程度上挫伤了大学生自主学习德育内容的积极性和热情。在弥补此种模式不足的情况下，高校立体化德育提出"主体（客体）——客体（主体）"为一体的双向互动的德育模式，德育工作者既是主体又是客体，向大学生进行德育教育引导时，也受到大学生对其的德育影响；大学生既是客体又是主体，他在接受教育影响的同时，也对周围人群产生着影响。

人是有思想、有感情的动物，具有社会性和主观能动性，大学生德育主体性也由此呈现出来。高校立体化德育充分肯定和尊重了大学生在德育活动中的主体性，把大学生和教育工作者看作平等的人，把大学生和教育工作者共同作为德育主体，尊重大学生的人格、尊严和权利，发挥大学生主动参与德育活动的意识。

（二）高校立体化德育的客体

高校德育的对象是大学生。一个人思想品德的形成过程，实际是他的知、情、信、意、行五个要素均衡发展的过程，也是把这五个要素作为一个整体，全面地对大学生进行教育的过程，再加上大学生本身又是现实生活中的"立体人"，这就要求对大学生进行思想道德教育和道德品质教育，也需要采取立体化的过程。另外，由于思想道德教育对象的情况错综复杂、千差万别，表现出非常明显的层次性，而且在现实生活的社会环境之中，他们生活、学习与工作的周围环境、社会关系，每时每刻都影响着教育对象的思想政治品德的形成和发展，引起教育对象思想品德结构发生变化。因此，对大学生实施德育活动，要根据不同标准、不同层次采取不同应对措施，对各种思想道德教育现象和问题进行立体的综合分析，从多种渠道、多种角度、多种层次、全方位实施，避免把复杂的现象和复杂的人的特性简单化。

（三）高校立体化德育的媒介

传统平面化德育工具，课堂上主要由黑板、粉笔和书报组成，课外德育工具主要由报纸、杂志、图书等纸质媒体和形象媒体广播组成，传播渠道相对单一、简单。而立体化德育工具，在原有德育资源和德育媒介的基础上，把现代化的科技成果引进学校、引进德育课堂，运用现代媒介增强德育效果。高校立体化德育媒介，不仅包括图书、广播、电视等平面化德育媒介，而且包括现代德育媒介，比如电影、电视、多媒体、网络和手机等新型的传播工具，集"文字、声音、生动形象的画面"为一体，使得课堂教学更加生动、形象；课下，把德育信息通过网络、手机等现代工具进行传播，加速了人与人的沟通，加深了德育主、客体间的联系，拓宽了德育传播渠道，推进了高校立体化德育渠道的建设。

（四）高校立体化德育的环境

每个人需要面对的环境都是多元的、立体的。根据环境具有多元化、立体化的特性，高校立体化德育环境可以从多个角度、多个层次进行区分。立体化德育大环境分"家庭、学校、社会"三个层次。因为人一出生，家庭环境就开始对其思想意识产生影响；经过不懈地努力和不间断地学习成为一名大学生，从以往比较单纯、简单的家庭环境影响下，步入到相对丰富的校园环境影响之中。其间，还要接受复杂的社会环境的制约。大学毕业后，又要回归到家庭环境和复杂的社会环境中,继续接受环境对其的影响、作用,相对来说,高校校园环境属于环境的"中间站"。

立体化德育小环境仅指学校环境。学校是学生生活、学习的场所,作为德育教育的主阵地,其本身也是立体的场所,且高校立体化校园环境也具有层次性。例如,硬环境和软环境。硬环境是指学生赖以成才的物质基础,如各种各样的教学设施、生活设施,以及文化活动场所。软环境是指影响学生发展的精神因素,如大学精神、校风、教风、学风、校训、文化氛围、人际交往、制度文化、风俗习惯等多方面。因为学生成长的环境是一个立体的受多种因素影响的系统,所以,必须整合德育环境,系统地育人。

(五)高校立体化德育作用方式

高校立体化德育的作用方式是通过多方面、全方位、多因素的方式、方法和手段,共同作用于大学生思想素质、道德品行的形成,最终实现大学生的全面发展。高校立体化德育的作用方式主要有三种。

首先,体现在人与人间的教育影响作用。高校内部教育者与学生互动、管理者与学生互动、学生间互动;高校外部的人群,父母与子女互动、社会人群与学生互动等多个方面、立体互动的交往途径,是真实客观存在的德育教育渠道,而且能使学生真实感受到对其人格形成的教育影响作用。

其次,体现在人与物的立体影响作用。物是一个立体存在的客观物体,对大学生思想也具有重要的影响作用。因为人在能动改造某些物体的时候,物体也在对人的思想的形成进行着不同程度的影响作用。最后,体现在现代传媒对大学生道德的影响作用。电视、网络、手机、微信、微博、QQ等现代信息技术的运用,直接对大学生的思维方式、生活方式、交往方式产生巨大的影响。因此,要紧跟时代发展的客观要求,有效地利用现代传媒,对大学生思想道德品质和综合素质的教育影响作用,增强高校德育的实效。

四、高校立体化德育的特点

高校立体化德育,是一个多层次、多因素构成的系统互动过程,是一个整合、立体的运行过程。高校立体化德育具有其自身的规定性,体现为教育的整体性和过程的生动性、空间的立体性和内容的真实性、方法的多样性和媒介的多元性、对象的主体性和地位的平等性等特点。

(一)教育的整体性和过程的生动性

系统的最大特点在于整体的功能大于各部分之和,通常系统的整体功能相对于各组成部分的功能是一种质变。高校立体化德育不是简单的在个体之间进行的德育实践活动，其整体性体现在资源的整体性、德育方法的整体性、德育目的的整体性、德育内容的整体性、德育过程的整体性等方面。高校立体化德育把多种资源作为一个整体，对大学生进行教育、引导和培养，形成一种德育合力。无论是从广义的"学校、家庭、社会"一体的高校立体化德育，还是狭义概念上的高校立体化德育来看，其目的就是实现大学生的全面发展，强调具有德育功能的多个方面形成一个整体，使它们为了共同的德育目的互相支持，形成一种前进的合力。例如，高校内形成的人文环境、多种多样的德育活动、文化宣传、网络信息的传递、教育基地作用等德育功能，共同协调作用于大学生的思想政治素质和道德文化素质的形成，从而推进德育的效能。

高校立体化德育媒介的运用，使得德育信息传播更加生动化、更加形象化、更加感性化。借助现代化传媒工具、手段对德育进行广泛传播，使过去平面化德育由"读""想""听"变成了"看""听""信"为一体，让学生能真实地"看"到德育画面，画面中的时间、地点、人物、景色都是客观存在的；"听"到视频中人物间的语言交流；"信"服道德是人成长的需要，以及把良好道德行为作为人生的一种信念。而且运用现代传媒工具，可以在极短的时间内甚至几乎是同时，把具有道德功能和作用的视频在广大民众间迅速传递，被大家迅速了解，其传播空间广阔、辐射范围宽广，跨越了年龄、性别等之间的界限。

（二）空间的立体性和内容的真实性

高校立体化德育具有一个最鲜明的特点就是空间的立体性。空间的立体性可以从多个角度进行考虑。宏观上看，从家庭教育、社会教育、学校教育、环境教育等空间上，对人产生多维教育影响作用；微观上看，从教育者、社会人群、亲朋好友、影视人物等，对人起到多维教育影响作用。从载体的功能上看，集声音、视频、文字、图片等立体多维地对人进行教育作用。通过建立立体多维的空间，运用多渠道、多角度、全方位的教育影响，使受教育者在不知不觉中发生变化，而且，这种教育不受时空限制，可以处处存在，能够有效地覆盖受教育者的学习和生活空间，使教育从单一走向多元，如管理育人、教育育人、服务育人、环境育人等，从不同层次、不同维度，对受教育者进行立体教育影响。

高校立体化德育内容，具有鲜明的真实性和生活化。高校立体化德育能给予学生真实、真切的感受，因为无论是环境育人还是服务育人，都是发生在身边的真人、真事，能让大学生深刻感受到，很大程度上改变大学生理念中德育就是"假、大、空"的理论性知识的看法。

另外，在选择德育教育内容时，也要与大学生的真实生活接轨，如果高校立体化德育内容与大学生身边的生活相差甚远，无法解决大学生生活中存在的问题，就很难激发学生学习的热情，要在教育中体现生活气息，增强德育真实效果。正如中国现代教育先驱陶行知所说"生活即教育"，好的生活就是好的教育，坏的生活就是坏的教育，使学生在生活中，处处感知教育的存在，彰显德育的真实性和生活化。

（三）方法的多样性和媒介的多元性

立体化德育方法是德育工作者面向德育对象在德育过程中所采用的方法，是德育教育者与德育对象相互作用的媒介和桥梁。立体化德育，其方法或方式具有生动、形象、真实的特点，它既不是教育者一方的活动方法，也不是以教育为主的活动方式，而是教育者和受教育者共同活动、相互作用的方法。高校立体化德育在采用方法方面具有多种多样性的特点。比如，理论讲授法、案例教学法、情景教学法、现场教学法和模拟教学法、体验教学法等，都是立体化教育的方法，而且把教育者的榜样示范法和实践教育法相结合、环境教育法和隐性教育法相结合等，协同对大学生进行德育影响，更能增强大学生德育的效果。如，教育者的榜样示范法是最有效的让学生感知的方法，在校期间与教育者接触最多，教育者的道德行为最具有说服力。实践德育方法，就是在社会实践和社会环境中在社会教育活动中达到教化目的和作用，使大学生感受到良好的道德品质，不仅是社会发展的需要，更是人客观发展的需求。而隐性德育是大学生在无意中，所感知、所感触的教育方法，因为隐性德育使用的案例是发生大学生在身边的真人、真事、所以更能激起大学生内心的共鸣。

随着现代化科技成果大量地被引入德育活动中，立体化德育的媒介选择越来越趋向于现代化、多元化。传统德育课堂媒介主要是"一黑板、一粉笔、一本书、一张嘴"，其他课外德育媒介主要是报纸、杂志、广播等相对平面的德育传播工具。信息化时代的今天，电视、网络等现代传媒资讯方法已经深刻地介入和影响着大学生的生活，改变大学生的生活方式，对学生的思想道德品质的形成产生着深刻的影响。高校德育在继续利用传统常规媒介前提下，又增添了现代化的德育媒介，即电视、网络、手机短信、微信、微博等现代化的传播媒介，通过现代信息技术所提供的平台，丰富了高校德育的教育手段，推进了高校立体化德育实施途径的完善。

（四）对象的主体性和地位的平等性

传统高校德育模式基本以管理者、教育者为主体，忽视受教育者的主体地位，而高校立体化德育充分肯定了学生的主体性和能动性，以学生全面发展和满足学生的成长需要为德育目的，将"以学生为本"作为立体化德育的归宿点，管理者和教育者是为学生的全面发展服务的；发挥学生主体作用，让大学生在社会实践中践行自身的德育认知，从自发到自主、自觉地进行思想道德教育和价值判断与选择，并最终养成良好的思想政治素质和道德素质。

高校立体化德育主客体地位的平等性，是建立一种人人都是德育主体、个个都具有教育影响，改变仅由教育者单方面灌输的德育模式，同样，也改变了德育主客体间的不平等、不对等性。由于人与人的平等性，最大限度地调动受教育者的参与意识。另外，由于教育者与受教育者间的平等关系，也避免了教育过程中受教育者的逆反心理，通过受教育者无意识的心灵反应机制来施加影响，受教育者受周围环境、行为和信息的感染、熏陶，会在无排斥心理状态下不知不觉地接受教育信息。由于受教育者在参与实践中发挥了自身的主观能动性，在行为中检验了自身的教育认知，因此，德育平等性更能促进大学生自主内化、自我教育思想的形成，自觉提高自身的道德素质。

五、高校立体化德育的现状及分析

高校立体化德育，是伴随着高校德育的改革而逐渐发展起来的，是对当前高校德育教育的新探索。当前，高校立体化德育尚处在起始阶段，所以，在推进高校立体化德育建设的进程中，还有很多尚须改进与完善的地方。

（一）高校立体化德育理念初步形成

在德育改革的不断探索当中，立体化德育的理念进入人们的视野并被越来越多的人所接受肯定。在高校德育教育的实践中，积极以立体化德育为指导，努力发挥全员参与、全方位覆盖、全过程教育的多渠道教育影响作用，不断探索立体化德育实现的新途径，推进高校立体化德育进程。

高校立体化德育以其教育方式的生动性、形象性，教育内容的丰富性、趣味性，正慢慢地在高校德育实践中开展起来并取得很好的效果。全方位地推进大学生德育教育，多层次地实施德育教育方式，多角度地探索德育教育途径，全面促进大学生德育发展，已经成为新时期高校德育的发展趋势。

（二）德育课堂采用立体化方式教学取得显著成效

高校立体化德育课堂教学模式初步建立起来，并取得很好的课堂教育效果。高校立体化德育课堂把互联网、多媒体等现代化工具作为教学媒介引进教育课堂中，强化教育的直观效果，丰富感知材料，给学生提供声、像、图、文等综合信息，让学生在有声有色、图文并茂、动静结合的情境中有更加直观的感受。这再与老师利用声音、表情和手势，向学生传递信息结合起来，大大增强了德育课堂的效果，使大学生更好地接受德育教育。立体化德育课堂将现代化教学手段与传统教学手段结合，以多种信息传递方式作用于学生，给学生以立体感受。思想政治理论课明确要求，必须让学生进行社会实践，形成立体化的教学过程，达到最优的教育效果。

（三）高校立体化德育载体不断丰富

高校立体化德育的载体是丰富多样的，并且伴随着社会的发展和科技进步而不断更新。传统德育教育的载体主要通过课程教学发挥作用，通过教育者的理论灌输及各类学科中承载的德育因素，让受教育者接受德育教育，载体比较单一，受教育者接受程度不高。高校立体化德育注重载体在德育教育中的作用，积极拓展德育载体。立体化德育的现有载体主要包括文化载体、管理制度载体、大众传媒载体、活动载体、网络载体等。高校立体化德育载体的丰富性，使得立体化德育全方位、多角度地影响到每一个人，扩大了德育教育的覆盖面。

（四）环境育人越来越受到重视

环境对一个人的德育发展起着非常重要的作用。传统的高校德育没有充分意识到这一点，在一定程度上忽略了环境育人的作用。环境有育人作用，是毋庸置疑的事实，随着对环境育人作用的进一步研究和探索，得出思想道德教育环境可以被看作是一个特殊的环境系统的结论。而且它是一个广泛而复杂的动态性体系，是不同层次、不同类型的环境因素相互联系构成的立体、多维的系统。因学生成长的环境是一个立体的受多种因素影响的系统，所以，必须大力整合优化德育环境，消除不良环境给受教育者带来的影响。

（五）高校立体化德育推进中存在的不足

1.高校立体化德育没有形成合力

高校立体化德育是全方位、多层次、多角度共同作用的德育教育，高校立体化德育教育合力，是各种德育教育力量相互作用结合在一起的状态。立体化德育合力不是各单方面力量、单个要素、单项教育活动的教育效果的简单相加，而是有别于这些孤立教育因素的新的力量。目前高校立体化德育尚未完全形成合力，立体化德育教育的系统性、整体性的功能效应尚未完全发挥，各种教育力量的优化组合、有机联系水平不高，产生的德育教育综合效果不好，有待进一步提高。

2.高校德育立体化水平不高

高校德育由平面化德育向立体化德育转化，可以分为三个层次。

第一层次，是通过书面语言或口头语言作用于视觉或者听觉单一感觉器官，借助于形象思维的立体化过程。

第二层次，是通过如电影、电视这样间接的立体音像，直接作用于听觉和视觉器官而给予人立体的感受，可以称之为间接的立体化。

第三层次，是直接的立体的各种刺激同时作用于视觉、听觉、触觉等感觉器官，具有真情实感的完全立体化。

目前，第一和第二层次开展得比较好，通过借助各种高科技和新媒体手段，给受教育者呈现出听觉和视觉的立体感受，一定程度上解决了德育教育方式单一、死板和难以引起受教育者兴趣的问题，增强了德育教育的效果。但是，立体化追求的第三层次——真情实感完全的立体化仍有很大差距，立体化水平不高。目前，立体化德育教育一定程度上停留在简单地利用科技手段给受教育者以听觉和视觉上的感官刺激，却忽略情感上的感知，在教育过程中，很少完全赋予真情实感，难以使受教育者从心理上产生认同和思想上引起共鸣，没有真正实现德育教育的立体化。

3. 高校立体化德育环境有待进一步完善

尽管环境育人的重要性越来越受到认同，高校立体化德育的环境也得到很大改善，但是，还有待进一步提高。立体化德育环境是随着外部的变化而不断变化的，不是一成不变的，要根据社会的变化不断调整，使立体化德育的环境能够适应德育发展的需要。可是，环境育人的作用是隐形的，育人的效果也不可能立竿见影，所以，对环境改善的热情和投入就不高，因此，需要进一步完善高校立体化德育环境。

4. 学生对高校德育教育的接受程度不高

当前德育工作中，教育内容侧重理论灌输，往往反映事实与联系实际情况的少，使受教育者认为，枯燥无味的理论性知识离自己的生活远，德育知识的习得用处不大，理论与实际的脱节，德育教育有种虚无缥缈的感觉，致使大学生主动学习德育的认知不强，对道德理解不深刻，很难产生认同感，且感知性不强。在高校德育目标定位上，缺乏目标的层次意识，基本上是用一个统一的模式去塑造所有的学生。从低到高、千篇一律、千人一面地规定一种要求、一种规格目标，只注重塑造人的共性，无视受教育者的内在需要差异性，使德育目标成为一种刻板的标准。评价方式上又单纯以考试为主，让受教育者产生厌烦心理，没有将过程性评价贯穿在受教育者的道德实践中，没有以学生德育实践的改善和提高作为衡量主体德行发展、评估教育效果的标准。

（六）高校立体化德育推进中存在问题的分析

高校立体化德育的建设不是一朝一夕就能实现的，要有一个不断向前发展和完善的过程，要立足于当前高校德育的现状，分析和梳理德育教育中存在的不足，对有缺陷的地方要及时改正，在不断探索中，更好地建设高校立体化德育，指导德育实践。

1. 思想观念上存在一定偏差

高校德育教育是学生成才的重要保证，立体化德育的开展，更是提高德育实效性的重要手段。高校领导和教育者对此都有一定的认识，但是，认识还不够深刻，思想观念上或多或少还存在一定的偏差。有一小部分学校领导和教育者认为，一个学校办得好坏，关键是看学生学业成绩的好坏和就业率，对德育教育没有很好地重视。德育方式方法简单、枯燥、流于形式的情况，在一定范围和程度上依然存在。有的虽然认为德育教育应该开展，但是，德育的位置还不够突出和规范，德育制度不够健全，德育经费投入不足，体现在人力、物力、财力等方面给予的支持不够，而是更多地倾向于投入学校的科研建设中。

此外，部分教育者对德育教育的重要性认识也不够，认为开展德育教育就是单纯地完成自己的工作任务，没有用心地开展德育教育，有"重课堂、轻课外""重理论、轻实践""重教化、轻内化"的思想。这就需要转变思想观念，正确地认识德育教育，树立立体化德育思想，将立体化德育做到有效落实。

2. 高校德育教育对主体认识存在不足

之前的高校德育存在片面强调教育者主体地位的现象，而将受教育者当成消极被动接受教育的客体，没有将受教育者放在主体的地位。德育教育的形式化和功利化明显，也就导致了德育工作的强制性、灌输性和德育效果的低效性。德育教育虽然有规范性和约束性，但是，这种规范并不是简单的外部强制，而是受教育者追求理性和完善自身的过程，受教育者是德育教育的主体，教育者仅是起到教育和引导的作用。

首先，在高校德育教育过程中，没有意识到受教育者的德行形成与发展是他们自主选择的结果，只是简单地把他们作为教育对象进行说教，灌输式的教育忽略了受教育者的选择，只能在一定程度上起到影响作用，但是，不能内化为受教育者自身的德育素质。其次，漠视受教育者在知、情、意、行各方面的变化，也没有注重发挥受教育者的主观能动性，没有积极开展受教育者的自我教育，没有使德育教育真正成为学生共同关心和参与的活动。

3. 高校德育整体性欠缺

德育教育整体性欠缺体现在多个方面。

其一，欠缺学校、家庭与社会教育三者共同作用形成的整体合力。学校、家庭与社会教育是德育建设的三个重要环节，社会是教育学生的大课堂，学校是培养学生的主阵地、主渠道，家长是第一任老师，单纯依靠某一方面的教育，都是不够的，要把德育教育由学校向家庭辐射、向社会延伸，形成三结合的立体网络模式。由于三者教育的不一致，没有整体协调地进行德育活动，使学校教育与家庭、社会教育脱节，甚至出现抵消学校正面教育的效果。

其二，德育资源协同性不足。德育实施并没有统筹兼顾到高校德育资源，调动并运用各种德育资源，无法实现德育教育处处存在、时时存在的育人目标。

其三，立体化德育途径全面协调不够，协调环境教育、实践教育、现代媒介的教育作用等德育途径力度不够，多种渠道整体致力于大学生德育改善的实效性不强。

4. 高校德育实践性不足

传统的高校德育针对性和实效性差，主要原因之一就是脱离了受教育者的现实生活，变成单纯而抽象的说教，没有将教育和实践结合起来，使德育教育缺乏实践性。德育本质上是一种实践活动，"生活不能只是思，生活是须行的"。从平常习俗、日用常识到以此为基础的德育活动，都是实践性的。从实际意义上说，"行"比知、情、意更为重要，实践的道德才是真正的道德，如果只知不行，只有意愿和体验而没有实践行动，则是口头的、肤浅的道德，甚至会变为虚伪的道德。受教育者道德品质的高低，是通过实践主体在实际活动中表现出来的，现在的德育教育更多地从书面上检验德育成果，有些学生如果从文字上或口头上去检验他所受的德育效果，他会讲得动听、写得精彩，可是在他的实际德育实践中，却是另一套。道德的教育不仅是理论的传授，而要寓学于行、躬行践履。

第二节 高校立体化德育实施途径

立体化德育效果在多数情况下优于平面化德育。然而，如何将平面化德育转化为立体化德育，通过什么途径来实现德育的立体化，仍然需要进行不断探索。

一、努力创造育人环境

人都是生活在一定的环境之中，环境无疑是立体的环境。通过环境的创设来产生德育影响，达到德育的目的，符合立体化德育教育的理念和特性，是对德育教育的方式和途径的创新性尝试。把环境作为德育的载体可以承载着丰富的德育元素，对大学生的影响是客观存在的，而且是一种无处不在、无时不有、自发渗透的立体多维和动态发展的影响。高校大学生的德育教育和德育形成，是在一个多维的空间和持续的时间中进行的，理解好高校德育、环境、人三者之间的互动性关联，会使我们更好地把握和建设高校德育环境，从而为高校立体化德育教育服务。当前，对大学生德育教育的影响主要来自家庭、学校、社会和网络，因此，创造好家庭、学校、社会和网络环境，无疑是立体化德育实现的有效途径之一。

（一）家庭环境

家庭对大学生德育的养成起到极为关键的作用。家庭对一个人来说，不仅是童年的摇篮、一生的港湾，而且对其德智体美劳等全面素质的形成和发展，起着全面持久的影响。虽然大学生入校后，家庭对大学生德育的影响有所减少，但是，家庭德育依旧发挥着基础性的作用。由于家庭德育的基础性和影响的深刻性，家庭应该承担起自身的教育职责，积极营造健康、向上、和谐的家庭德育环境。

家庭环境可以分为物质和精神两个方面。物质方面，包括家庭经济收入、居住条件、环境美化等；精神方面，包括家庭道德、家庭文化、家庭舆论、家庭风尚等。所有这些因素紧密地联结在一起，共同构成现实家庭教育环境的整体和合力，全方位、多角度、多层次地影响着教育对象。

因此，家庭教育应该是立体化德育的实施途径之一。优化家庭内部的教育环境，家长要在物质和精神两个方面做出努力。

首先，要创造良好的物质环境。家庭的物质条件，不求如何豪华、奢侈，只求舒适、整洁，一切东西摆放有序，如将一盆美丽的花摆放在孩子的房间，会使孩子将自己的房间整理得整洁有序。这样，可以促进孩子形成良好的生活习惯和审美观念。

其次，要创建良好的精神环境。家长要创建民主和谐的家庭氛围，反对专制和暴力，充分尊重孩子的主体意识，让孩子拥有自主的活动空间，具有一定的发言权和自由支配的时间，使家庭环境具有积极的道德取向、主流的家庭文化、正确的舆论导向，形成良好的家庭风尚。

（二）学校环境

学校是大学生德育教育的直接责任者，学校环境是高校立体化德育的重要方面，要不断优化学校环境建设。学校环境特别是文化建设，对育人发挥着潜移默化的影响，一所大学的文化环境质量如何，与大学生息息相关，它对大学生具有强烈的暗示性、渗透性和潜移默化的作用，并持久地产生着影响。所以学校环境应该是高校立体化德育建设的重点，要不断地加强校园硬环境、软环境包括制度环境的建设，更好地为高校德育教育服务。

首先，要科学规划、精心设计，构建优美的校园硬环境。学校硬环境是指高校的自然地理位置、校园建筑、整体的布局和规划、绿化美化以及校园的文化设施等，是学校环境的有形部分。应在校园环境的建设中融入德育教育的要素，按照德育规律加以精心设计和构建，使其从一般的物质环境转化为具有育人功能的德育环境，进而转化为影响学生的思想情感和道德行为的重要外部力量，转化为持续不断地感染、陶冶人的精神力量。

其次，要认真制定严格规范、科学合理的制度，创建良好的校园制度环境。学校的管理制度是一所学校精神文化的反映，通过制度的约束力、影响力和牵引力，来体现学校的导向，规范引导学生的行为。要建立强有力的德育工作管理体系和运行机制，为高校动态的德育活动奠定坚实的基础。在制定制度的过程中，要注重制度安排和引导，用科学制度的制定、执行、监督、保证、规范并引导高校师生的言行，要将制度的制定和高校德育工作，以及大学生多方面的发展需求结合起来，建立起科学且规范的规章制度，使大学生在遵守各种规章制度的过程中，自觉地向德育要求的目标靠拢，将自我约束和自我管理结合起来，更好地提升自身的道德素质。

最后，搞好宣传教育，树立良好校风、学风、教风，营造优越的校园软环境。校园软环境是一种无形的德育环境，它与校园硬环境及制度环境一起，共同构成了学校德育环境，并发挥着重要的作用。学校软环境从不同层面影响、改变和塑造着大学生的认知、情感、行为，还反映了高校追求的价值目标、道德情感和行为模式。它是通过学校师生共同营造，并经过积淀、选择、凝练而成的，它所倡导的道德价值和校园精神已经浸透和附着在校园内的各种环境和人文因素之中，并让大学生时时刻刻感受到它的存在。因此，校园软环境对大学生的德育教育和熏陶是十分重要的，要坚持不懈地构建和营造优越的校园软环境。

（三）社会环境

社会对大学生德育的影响日趋增强，社会影响因素转化为德育影响的成分越来越多，社会环境中所包含的经济、文化、教育等因素，日益成为影响大学生德育的重要方面。社会环境是相对于家庭环境、学校环境而言的，是指家庭、学校以外的德育教育环境。社会环境对高校德育的影响程度日益加深，大学生不仅仅受到来自校内德育教育的影响，也受到现实社会生活的影响，大学生德育素质的形成是多种因素共同作用形成的结果。因此，高校立体化德育要关注社会环境建设，推进有利的社会环境建设，优化和开发社会环境，充分利用和挖掘社会环境因素的育人功能，提高立体化德育教育的实效。立体化德育作为社会实践活动的一部分，存在于社会之中，无法脱离社会自成系统。要积极营造有利于高校德育教育的综合环境，使人们在优美、有序、和谐的自然环境和社会环境中受到潜移默化的教育，实现环境育人，增强德育教育的效果。

一方面，积极建设社会硬环境。社会的"硬环境"主要是以实物形态所展示的人口、地物、地貌、资源、设施等物质环境。要特别注意开发、挖掘它们中所有可能成为德育教育的资料，并积极加以利用。

比如，建立一些与当地教育发展相适应的德育基地。这些基地可以是历史纪念馆、文物保护区、革命遗址等爱国基地；也可以是军训、社会实践、专业实习等实践基地；还可以是文化娱乐、体育运动等文体活动基地。通过对这些硬环境的改造和利用，既能填补学校德育条件的不足，又积极拓展了德育教育的空间，给大学生更好的德育熏陶。

另一方面，努力创设社会软环境。社会的"软环境"主要是指以精神面貌所展示的社会、政治、法制、文化、教育等人文环境。就蕴含的德育因素来说，社会软环境就是社会上的人们在经济、文化、精神等活动中共同生活、相互交往，积淀形成的价值观念、行为规范和道德准则，高校德育从这种环境中获得的渗透力最为强烈，也是立体化德育实施的重要途径。要创设良好的社会环境氛围，特别要重视文化的管理和法制的建设。积极开展各种构建和谐社会的活动，创设一个良好的社会软环境，让大学生在美好的环境中受到德育教育。

（四）虚拟环境

虚拟环境主要是指网络环境，应构建积极健康的网络环境。随着信息技术的发展，网络与人们的生活日益密切，给人们的思想也带来重要影响，正在逐渐成为德育教育的新阵地，不但为高校德育工作提供了丰富的资源，而且突破了时间和空间的限制，可以将家庭、学校、社会的影响有机地整合起来，极大地扩展了德育的时间和空间。高校立体化德育的环境与虚拟环境的关联亦应紧密起来。要加强虚拟环境的建设，构建健康积极、催人上进的网络环境。开展以德育为主题的网上论坛、网上讨论、网上交流等，通过平等交流、民主对话、积极渗透、加强监督等方式，强化德育教育，不断增强网络环境的影响力。要坚持管理和教育相结合、"堵"与"疏"相结合、他律与自律相结合的原则，积极制定有利于德育教育虚拟环境建设的政策，保障虚拟环境的健康发展。

总之，高校立体化德育与家庭环境、学校环境、社会环境，以及虚拟环境之间存在着不可分割的关系。而家庭环境、学校环境、社会环境和虚拟环境之间也相互作用、相互影响。家庭、学校、社会作为教育的三个渠道、三大领域，尽管在教育手段、内容、策略等方面有着显著的差别，在教育过程中的作用也各不相同，但却从不同的层面教育着同一个对象。学校、家庭、社会（社区）德育一体化必将成为德育教育的重要发展趋势。建立家庭、学校、社会相结合的"德育网络"，使三者在德育方向上保持一致、在内容上相互促进和取长补短，才能形成科学的社会化德育体系。同样，现实环境和虚拟环境建设，也要良性互动起来，彼此照应，共同形成完善的立体的德育教育环境。

二、用心打造校园文化

校园文化作为学校精神、传统和作风的综合体现，客观地营造了一个立体的育人环境和氛围，它对大学生德育教育工作具有巨大的推动力和感染力。它的形成不仅是一个历史积累的过程，更是一个主动积极营造的过程。校园文化是开展大学生德育教育的有效途径和载体。它将平面化德育的说教转变为立体的、全方位的校园文化熏陶，以一种无形的力量对每位师生产生教育作用，使学生在耳濡目染、潜移默化中受到道德的熏陶，提升道德境界。这种立体化的德育方式，对学生心灵的陶冶、精神的激励，是平面化德育所无法达到的。要不断加强校园文化建设，营造良好的育人氛围，充分发挥高校校园文化的育人功能，积极探索与尝试将立体化德育融入校园文化建设之中，使得校园文化在立体化德育的指导下成为大学生德育教育更为有效的实施途径。

（一）建设丰富多彩的校园文化阵地

当前，校园文化阵地除了教学阵地之外，概括起来可以分为以下三种：活动阵地、社团阵地、舆论阵地。这些阵地都可以发挥它们各自的优势，成为立体化德育融入校园文化的有效载体。

1. 活动阵地

即校园内的政治、学术、科技、文体等活动，和这些活动的延伸与扩展。这些活动不但承载和体现着校园文化的内涵，也传承和发展着校园文化的内涵，高校应把立体化德育的理念注入这些活动中，在提升校园文化内涵的同时，也使广大师生从这些活动中受到锻炼、熏陶和教育。例如，大学生文化节、体育节、艺术节等活动，已经形成传统的开学典礼、毕业典礼、校庆日等校园节庆。将德育因素巧妙地融入其中，要精心设计、认真组织、长期营造，形成特色，使之成为吸引力和感染力强的教育活动阵地。

2. 社团阵地

即校园中由师生按照个人兴趣爱好，自愿组织和参加的政治性、学术性、科技性、文体性等各种社团。社团活动的开展给大学生的业余生活和大学校园增添了亮丽的色彩，大学生社团的建设在创建校园精神文明、繁荣校园文化、拓展学生综合素质及实践能力等方面起到的作用越来越突出，加强社团建设正成为拓展高校德育空间的重要手段，也是立体化德育的重要组成部分。高校应当加强对校园内各种社团的扶持和管理，引导和帮助他们把握社团发展的方向,健全社团规章制度,活跃社团生活,提高社团活动质量,扩大社团影响,在有利于个人、学校和社会三方面健康发展的轨道上前进。社团自身也要不断强化育人功能,使学生社团真正成为学生的精神乐园,成为校园文化的亮点,成为立体化德育教育的重要阵地。

3. 舆论阵地

主要是指学校的校报、校刊、校内广播电视,以及校园网等。高校开展德育教育,要树立立体化德育理念,坚持正确的舆论导向,采用多种方式发挥舆论阵地在德育教育中的积极作用。高校除了要加强对各种传统媒体的建设和管理外,还要特别重视和加强对校园网等新型媒体的建设,主动占领网络德育新阵地,使网络成为弘扬主旋律、帮助大学生积极向上健康成长的新手段。高校可以针对网络特点,建设一些融思想性、知识性、趣味性和服务性于一体的主体教育网站和网页,建立网上德育工作队伍和网络德育教育工作体系,积极主动地开展生动活泼的网络德育教育活动,形成网上德育教育的合力。

(二)充分发挥大学生在建设校园文化中的作用

在校园文化活动中,大学生无疑是主角,融入立体化德育的校园文化建设,需要牢牢依靠学生群体。要调动他们的积极性,发挥他们的聪明才智,使他们的主体性作用得到最大限度的发挥。也只有在校园文化活动中发挥学生的主体性作用,学生的思想、品德、知识、技能、心理品质等,才能在校园文化活动中得到提高。

1. 充分调动学生的积极性

大学生是校园文化建设的主力军,他们有较强的表现欲和交际需求,这使他们能积极主动地投入校园文化活动之中,而且,他们大多具有较高的政治觉悟、敏锐的鉴别观察力和开拓进取、敢于冒险的精神,这可以使得校园文化更好地发展。首先,高校要给大学生提供一个民主自由的环境,让大学生可以尽情地发挥自己的才能,不受太多约束。其次,可以采取一些激励措施。例如,通过征文比赛,鼓励学生创作新的文艺作品,用年轻并且独特的视角阐述校园文化;将大学生参与校园活动所取得的成绩计入综合测评等形式,让大学生更为积极地参与校园文化活动。最后,提供一定的经费投入和制度保障,让学生真正参与进来,从单纯的接受者变成主动的创造者,在参与中加强对德育的认同、加深对德育的理解。

2. 努力激发他们的创造性

校园文化要想获得发展,从根本上离不开创新,离不开激发学生的创造性。这种创造性也是发挥他们在校园文化建设中的主动性的必然要求。而在这个创造过程中,他们能挖掘出适合他们的校园文化中的德育因素，用他们喜欢接受的方式来创造，能更好地取得校园文化建设的效果和提高学生的德育素质水平。

3. 提倡尊重他们的个性

校园文化以其独特的文化创造为标志，也在不断显示个性。个性是一种创造活力，是一种对自身价值的追求。作为校园文化主体的大学生，既是文化影响的对象，又是文化建设的主人，校园文化个性的塑造，还得依靠他们的个性来实现。

所以，高校在校园文化建设中应该高度尊重他们个性的主动发挥，乃至在推动立体化德育融入校园文化发展中的作用，激发他们的责任感，让他们在品味自己劳动成果、体验自己成功喜悦的同时，获得德育教育，在个性完善中，提升德育素质并促进校园文化的发展。

总之，立体化德育融入校园文化，可以把德育教育的内容渗透到各种生动活泼、形式多样的校园文化活动当中，能使青年大学生在快乐中接受教育、在教育中体会快乐。这样的教育效果往往比传统平面德育教育的方式要好。同时，立体化德育融入校园文化，会形成一种无形的感染力量，影响大学生的思想观念、陶冶大学生的情操，使大学生在潜移默化中得到教育，弥补传统德育教育的不足。

三、深入开展社会实践

立体化德育是一种追求真情实感的德育。让学生投身社会实践，是立体化德育最直接最有效的途径。社会是一个立体的、现实的，让学生投身社会实践，在社会实践中了解国情、体察民意，拓展知识，增长才干，磨炼意志、品味人生，培养工农感情，感受为社会做贡献的快乐，本身具有很强的德育功能。德育本质上是一种实践活动，大学生的社会实践已成为高校人才培养和德育实施的重要途径。通过社会实践这条重要途径，大学生才能深刻理解和内化德育教育内容，才能真正树立正确的人生观、价值观和世界观。我们应该深刻认识到立体化德育体系融入大学生社会实践的重要意义，并使之在德育教育的总格局中，获得应有的重视。因此，根据大学生社会实践的特点和要求，把立体化德育有机地融入和贯穿其中，积极探索和不断完善德育立体化融入大学生社会实践的途径，能使大学生在社会实践中更好地理解德育和接受德育，在实际参与和体验中，提升大学生的德育素质。

（一）大学生社会实践的特点

1. 形式多样化

大学生德育实践的形式灵活多样，而且得以不断拓展和创新，越来越丰富。大学生德育实践的类型可以分为很多种，而即使是某一种类型的社会实践也有许多具体的活动形式。

比如，社团活动、社会调查和实践、参观思想教育基地、大学生志愿服务、暑假三下乡、政策宣讲、支教、支农等形式。

2. 场景开放性

大学生德育实践的场景是开放的，不局限于校内，可以走出校园；不局限于社区，还可以深入企业、机关。德育实践场景的开放有利于大学生融入社会，也因此深深吸引大学生参与其中。这一特点使德育实践深受大学生的欢迎。

3. 主体参与广泛性

德育实践的参与主体是十分广泛的，不论年级、所学专业和性别，可以是全体学生；而且不同年级、不同班级、不同院校的大学生，可以联手开展一些大型实践活动。德育实践以其参与主体的广泛性，使不同院校和不同年级的大学生共同交流、相互促进，也使实践活动能够轰轰烈烈，产生广泛的影响。

4. 体验深刻性

大学生德育实践给大学生带来的体验是深刻的。大学生在第一课堂所学的知识，还停留在一般的理论认知程度，没有深刻的切身体验。大学生德育实践以实际体验为主的活动模式，使大学生在实践的过程中，能够产生深刻的感受，从而有利于形成感性认识，加深对课堂德育教育的理解。

5. 易于接受性

大学生德育实践，不仅形式多样、场景开放，而且大多是大学生自己设计、组织和实施的活动项目，大学生在其中有很高的自主性，因此，德育实践对大学生有较强的吸引力。也因为在实践中的学习是自主学习和启发式学习，因而，更容易使大学生理解德育教育，大大提高德育的认知水平。

（二）努力拓展社会的新形式

大学生德育实践活动在各高校都开展了很长时间，在实践过程中也总结出了许多好的活动形式和内容。比如，大学生社团型的社会实践、义务支教、党的理论宣传、社会热点调查等。这些活动充分发挥了大学生的积极性、主动性，容易使活动有效落实，收到很好的效果。同时，要积极拓展新的德育实践形式，丰富实践活动，推动德育发展。可以结合当前社会发展需要和大学生成长需求，赋予德育活动新时代的特色，给德育实践注入新的活力。

（三）积极扩大社会实践活动的参与面

实践育人是教育环节的重要组成。当前，高校实践育人虽然进一步得到重视，内容在不断丰富，形式在不断拓展，取得了很大成绩，但是，实践育人仍然是高校人才培养比较薄弱的环节。要积极扩大社会实践活动的参与面，打破传统集中于本科生、研究生单一参与层面的社会实践，积极鼓励党团干部、辅导员和两课教师参与指导，提高德育教育的有效性。本科生是社会实践的主体，应在班级、专业与年级之间，确立好实践活动课题。在确定参与人员时，做到专业间相互弥补，打破实践活动集中于一个专业或一个年级的传统实践模式。研究生与本科生共同参与社会实践活动时，本科生可以从研究生那里获得人生经验和知识技能的帮助，研究生也可以在指导本科生实践的过程中，使自身能力得到进一步加强。党团干部、辅导员、两课教师的参与，可以将大学生德育教育更好地融入社会实践过程中，打破传统的德育教育只能在校园内完成的观念，走出校门，在社会实践这一相对宽松和谐的环境中进行思想教育，与课堂教育相比，起着事半功倍的效果。

（四）重视实践活动基地建设

实践育人基地是开展实践育人工作的重要载体，建立大学生德育实践基地，使大学生的德育实践活动变得基地化、规范化，这是进一步深化高校德育实践活动的内在要求。大学生实践基地是开展好大学生实践活动的基础和有力保障，要给予足够的重视。高校应该将现有的一批实践活动基地拓展为德育教育基地，最大限度地发挥实践活动基地的实践教育和德育两大功能。同时，高校要提供必要的经费和制定相应的政策做保障，建立、健全长效的激励机制，加大对实践基地建设的投入力度，同时，也要避免建设的随意性，避免重建设、轻培育的现象，更好地为德育教育服务。

将立体化德育融入大学生社会实践的过程，是以一个新的视角来审视高校大学生社会实践。把立体化德育体系融入大学生社会实践，在社会实践中提高德育教育的有效性与针对性，使立体化德育融入大学生实践确保教育效果。

四、充分运用现代传媒

网络、手机、电视（IPTV）等新兴媒体，已经成为当今时代最有影响力的传媒，高校德育要面对网络时代的现实，积极利用好这些新兴媒体为高校德育教育服务，给高校德育注入新的活力，使德育教育取得更好的效果。新兴媒体在高校德育教育中的运用契合了立体化德育的特征，与凭借简单的语言、文字而出现的单一、抽象、枯燥的平面教育方式相比，新兴媒体所提供的声、像、图、文等综合性信息，让学生在有声有色、图文并茂、动静结合的情境中感受德育氛围，使得德育教育的过程及其思想内容更加生动、活泼、形象、具体、真切，增加其吸引力和感染力。

（一）开展丰富多彩的校园网络文化活动

丰富多彩的校园网络活动有助于形成良好的校园网络文化环境，活跃校园文化氛围，是实现立体化德育融入网络文化建设持续、健康发展的重要载体。

第一，正确认识校园网络文化活动的主题。校园网络的主体是人，立体化德育的主题依然是人。要突出育人这一主题，就要正确把握校园网络文化活动的主导方向。通过校园网络文化活动，使师生员工在良莠不齐的道德思想天地中，明辨是非，武装头脑，自觉抵制歪理邪说；坚定信念，树立正确的世界观、人生观和价值观；主动适应青年学生喜欢上网、兴趣广泛、审美能力强的特点，积极开展丰富多彩的网上文化、艺术、体育与娱乐活动，满足多层次的精神文化需求。

第二，切实掌握校园网络活动的方式、方法。一定要以学生为本，找到网络活动的切入点，把活动深入师生中间。还要把握青年学生特别是学生网民这个特殊群体的特征，充分调动他们主动参与校园网络活动的积极性，激发其创造力，使他们成为校园网络文化活动的主体。在这个过程中，教育工作者要加强监管，主动指导校园网络文化活动，不仅可以提高活动的档次，而且可以将育人渗透到活动之中。

（二）坚持网上和网下德育教育相结合

互联网具有及时、互动、灵活、形象等优势。当今大学生热衷于使用微博、QQ、拍客、博客，我们应充分发挥和利用互联网的优势，结合大学生思想动态，针对他们关心的热点、难点问题，在思想政治工作网站上设立一些如论坛、班级交流群、留言本、答疑邮箱等形式的栏目和常见问题回答栏目，为大学生的思想政治工作服务。互联网为德育教育工作提供了有效的途径，但网络不是万能的，网上教育只是德育工作的一种有效方式。只有将网上和网下德育教育有机地结合起来，德育教育工作才能发挥出最大的效应。网下德育工作要发挥传统德育工作的优势，多形式多途径地进行，务求实效。比如，通过课堂教育开展德育教育，开展一系列德育主题活动，营造良好的校园氛围等。

（三）促进学生心理健康发展

高素质人才需要拥有一个良好的心理素质，网络文化中所包含的积极因素，可为学生培养健康的心理素质提供有效的方法。当今社会，来自各方面的激烈竞争及社会和自身的诸多原因，使得大学生承受着巨大的心理压力，有部分学生还在一定程度上存在心理疾病。

高校可以通过开设网上咨询热线，给有心理问题的大学生以及时和正确的指导，使学生在不需要说明自己身份的情况下，尽情地诉说或宣泄，还可在网上接受心理矫治，使其拥有良好的心态。高校还可以利用网络来教育大学生树立心理健康意识，增强心理调适能力，全面提高心理素质，使其坦然面对和正确处理学习、择业、人际交往中所遇到的问题。

另外，可以设计一些健康的网络游戏、有奖答题竞猜、网友讨论等多种自娱自乐、喜闻乐见的网上活动，为青年学生提供适度的自我表现机会。一旦这种精神环境和文化氛围形成，就会既满足大学生身心发展的需要，也将形成蓬勃向上、健康的校园文化氛围。

（四）举办有特色的校园活动

以网络为载体开展的校园文化活动可以集声音、图像于一体，同时，作用于学生视觉和听觉，给大学生以立体化的感受。另外，在网上开展各种校园文化活动，可以不受时间、地点等条件的限制，也可以充分发挥学生的创造力、调动学生参与的积极性。这种利用多媒体技术开展的活动可以取得传统媒体难以取得的效果。例如，大学生社会实践成果欣赏，配上音乐和精美的图片，将会提高实践活动的感染力，激发学生参与德育实践的热情。同时在网上可以开展各种类型的知识竞赛、辩论赛等活动，可以在校园营造追求知识、追求真理、积极向上的文化氛围，在这种氛围的熏陶下使大学生德育素质得到提高。

（五）开展便捷生动的德育教育

手机的普及，使我们建立信息传递移动平台，借助移动互联网开展德育教育具备了必备的硬件条件。移动互联网真正实现了不受时间、地域限制的随时教育，必将形成德育教育工作的巨大优势。

有一位学者曾经下过一个论断：世界上再也没有一种终端和介质，会比手机更具有媒体的兼容性、整合性和贴身性，以及像手机那样便于互动，甚至可以直接呼唤手机的主人，强迫性地引起用户的关注和阅读。手机媒体集文本、图画、声音于一体，具有多重的感官刺激功能，将色彩艳丽的图片、悦耳的音响、生动的三维动画视频逼真地展现在大学生"拇指族"面前，能极大地激发他们的想象力，满足他们对新鲜事物的追求。这些都给移动互联网增添了无穷的魅力，吸引着大学生走进这个世界。利用手机媒体，开展便捷生动的个性化教育。通过手机加强辅导员与学生的沟通，随时了解学生的思想动态，做好实时互动的德育教育和管理工作，将大学生心理健康教育延伸到手机移动互联网，通过短信更加方便地开展心理咨询和辅导，及时进行危机干预，更好地消除大学生的心理障碍。

（六）电视及网络视频是当前推进立体化德育的重要手段

高校对硬件设施投入的加大，有的学校学生公寓每个寝室都配有电视，而且随着价格的下降，电脑在大学生中也越来越普及，逐渐成为大学生的必备学习工具，这些都为高校德育立体化的开展奠定了物质基础。此外，信息技术、多媒体技术和影视技术的日趋完善，为高校德育立体化的开展提供了良好的技术基础。充分利用这些条件，大力推进德育现代化，提高德育教育的覆盖面和渗透力，也是德育立体化的有效措施。随着3D技术的发展及其电视频道的开通，将会给观看的大学生带来不一样的感受。它将画面立体逼真地呈现在观众的面前，配合动作、声音，不仅给观众带来听觉和视觉的刺激，而且让观众有种身临其境的感觉，增强了立体化的感受，能够取得很好的效果。因此，我们可以制作生动、形象、富含德育教育因素的视频和短片，通过信号的转化，转变为3D的信号再通过校园电视频道向大学生播放，让他们接受立体的德育教育，提高德育的实效性。网络视频的应用拉近了教育者和大学生之间的距离，让交流变得更加自由和活跃，即使两者在地理位置上相距甚远，教育者仍可以利用网络视频第一时间掌握学生的现实生活状态和心理特征，从而因势利导，矫正认知上的偏差，引导他们健康成长，让大学生觉得教育者就在身边，体现了立体化德育的全方位性。因此，要发挥好网络视频的作用，推进立体化德育的发展。此外，由于网络视频的上传者特别是大学生拍客的存在，他们乐于随时随地将身边发生的事情上传网络，与大家共享，让不在现场的人也能第一时间近距离知晓现场状况，进入当时发生的情境中，给他们以立体的感受，符合了立体化德育的要求，体现了大学生的主体性，而且激发了大学生参与的积极性。因此，要并制定相应的激励措施，鼓励他们将拍下的身边感人事例和好人好事的视频上传到网络，让大学生感受到德育现实的存在，让他们在情感上受到震撼、在思想上受到教育，德育素质得到提高。

五、积极发动全员育人

立体化德育强调全方位、多层次、多角度地育人，力求使高校中的每个人都来关心、重视、支持和参与德育教育，发挥德育教育作用，形成整体的教育合力。而全员育人正是这种全方位的育人，从教书育人、管理育人、服务育人再到大学生自我教育的发挥，让每个人都参与其中，凝聚育人的强大力量，形成高校整体育人的氛围，提高德育教育的整体效应，让大学生在浓厚的育人氛围中接受德育教育，取得良好的育人效果。

（一）充分发挥教书育人的作用

建立教书与育人相结合的机制，将教书与育人贯穿于教育全过程。在全员育人中突出教书育人，这就要求教师在不同的教学岗位和教学环节，都明确自己对学生的责任，把德育教育渗透到教学、科研和社会服务各个方面。教师既要教好书，又要育好人，不单是对学生传授知识，也注重对学生理想、品德、情操的教育和培养。

首先，要不断加强师德修养，提高教育者的思想境界。高校立体化德育非常注重教书育人对受教育者德育施加的影响，教师用自己的实际行动和人格魅力教育感染学生，影响着大学生的人格。作为教师，比其他任何职业的人们更需要严格要求自己，必须努力做到"以德育德""以才培才""以情动情""以行导行"，以自己的良好道德为学生树立榜样。

其次，打造好立体化的德育课堂。立体化德育课堂要营造一种立体化、交互式的教学情境，改变德育教学过程中唯教材至上的现状，紧密结合当前大学生关注的热点问题，积极主动去挖掘其中蕴含的德育因素，通过有感情地讲解，去感染和激励学生，潜移默化地在课堂教育中渗透德育，使教学过程不仅仅是传授知识和技能的过程，同时也是实施德育的过程。积极采取多媒体教学来辅助强化大学生的认知力，通过多媒体教育可以使德育教育的内容情境化，生动直观，充分调动学生的视觉、听觉，有效刺激听觉和视觉器官，强化德育教育效果，增强教育的实效性。同时，注重课堂上的交流和互动，将枯燥的德育课堂转变为丰富、生动的德育课堂，发挥德育教学的吸引力和感召力。

最后，要改进德育教育工作的方式、方法、手段，切实提高德育教育实效。改变传统的灌输式教育，拓展为立体的、互动的教学方法手段，开展平等对话式的交流，让学生积极参与而不再是被动地接受。不断充实德育教育内容，充分利用各种新兴的高科技媒介，给学生创设一个图文并茂、音像合一、视听结合、动静结合的直观情境，强化直观效果，丰富感知材料，让德育教育入心入脑，真正提高德育教育实效。

（二）充分发挥管理育人的作用

高校立体化德育着眼于构建大学生良好的道德品质，而管理则从规范大学生的道德行为入手，通过实施外部约束，促进大学生良好道德品质的形成。高校立体化德育贯穿管理工作的始终，管理工作有赖于德育教育条件的提高和支持，管理的过程有时就是立体化德育贯彻落实和深化的过程，有时立体化德育的方法和手段又以管理的形式表现出来，二者相辅相成、互相促进。

要坚持管理育人，把立体化德育教育与大学生日常学习、生活结合起来，无论是日常的学习生活，还是学校的教学、管理工作，都既要进行德育教育，又要依靠相关的法规校纪来约束管理，要把立体化德育教育工作制度化，使得立体化德育得到制度的规范、保障和支持，有助于建立立体化德育教育的长效机制，更好地开展德育教育工作。建立自律与他律，激励与约束有机结合的管理机制，加强对学生的管理，严格规范大学生的学习、生活和行为，促进他们自觉遵守各项规章制度和社会公德，逐步养成良好的行为习惯。

（三）充分发挥服务育人的作用

高校立体化德育注重德育教育的全过程，是覆盖全校园和全学习阶段的，立体化德育努力做到每个环节都能直接或间接地对大学生进行德育教育。在这过程中，服务育人往往被忽视，但是，它却是开展德育教育的一个重要路径。服务育人主要是通过服务过程中贯穿育人内容来完成的，后勤人员作为"身边的教师"，通过为大学生提供各种后勤管理和服务来达到育人的目的，依托于服务间接地进行德育教育，也是"服务育人"的主体。

第六章 大学生德育教育引入传统文化的创新

第一节 中国传统文化在当代的价值体现

在建设中国特色社会主义的今天，中国传统文化同样发挥着积极的作用，体现了时代的价值。改革开放以来，随着经济的加速发展，以文化建设为代表的国家软实力，正更高程度、更广范围地提升国家影响力。为中华民族提供民族凝聚力和创造力的中华传统文化，地位和作用更加凸显，成为当今综合国力竞争的重要因素，建设优秀传统文化传承体系，弘扬中华优秀传统文化，必须对源远流长、博大精深的传统文化进行全面、系统的认识和清理，在此基础上，挖掘和阐发其精华方面的思想价值，并融入社会主义先进文化之中。这正是我们研究中国传统文化当代价值的目的和意义。

通过对中国传统文化在构建社会主义核心价值体系、构建社会主义和谐社会、建设中国特色社会主义市场经济三个方面的价值体现进行探讨，以对挖掘和阐发中国传统文化的当代价值做出积极的探索。

一、中国传统文化在构建社会主义核心价值体系方面的价值体现

社会的核心价值体系作用于经济、政治、文化和社会生活的各个方面，是引领人们的思想行为、社会的精神风尚和发展方向的灵魂，是关系社会稳定与国家兴旺的决定性因素。社会主义核心价值体系建立在社会主义经济基础之上，反映社会主义现代化建设要求，体现社会主义意识形态的核心思想和价值观念。中国传统文化的许多积极因素，在社会主义核心价值体系的构建过程中，发挥着举足轻重的作用。社会主义核心价值体系与中国优秀传统文化是紧密联系和互相促进的。中国优秀传统文化为社会主义核心价值体系提供了思想根源和中华民族精神的坚实基础，社会主义核心价值体系是对优秀传统文化的继承与超越。正因为融入了优秀传统文化，社会主义核心价值体系才在中华大地上根基牢固、枝繁叶茂。

中国传统文化与社会主义核心价值的融合在多个方面均有所体现。

第一，是基于马克思主义指导思想与中国传统文化的发展相结合的坚持，对于国家的发展、社会的建设具有重大意义。在新世纪新阶段的新形势下，面对意识形态相互渗透的

复杂形势，我们唯有不断推进社会主义核心价值体系建设，用发展着的马克思主义统领多样性的价值观念、社会思潮和文化追求，才能不断增强社会主义意识形态的吸引力、凝聚力和渗透力，使社会主义的旗帜高高飘扬。

第二，是中国特色社会主义共同理想中中国传统文化的彰显。作为社会主义核心价值体系的重要组成部分，坚持中国特色社会主义共同理想，就是要坚持中国共产党的领导，坚持走中国特色社会主义道路，坚持实现全面建设小康社会和构建和谐社会的伟大目标。坚持中国特色社会主义共同理想，必须同时兼顾个人利益与国家利益，把个人的发展追求与社会主义的共同理想统一起来，强调个人的独立人格又彰显共同的价值理念，把发展个人的小康生活与全面建设小康社会统一到一起。中国传统文化强调个人应该融入集体之中，个人的发展追求应该与社会的发展相协调。中国特色社会主义共同理想的主要内容，说到底，是传统文化中的"民本"思想与"大同"思想在社会主义新时代的体现与升华。

民本思想是中国优秀传统文化宝库中重要的思想资源，承载着华夏民族一直以来追求"和谐社会"的美好愿景，与我们党的共产主义最高理想不谋而合，体现了人类社会发展的最终归宿，在全面建设小康社会的关键时期和大力推进文化大发展大繁荣的新时期，将再次散发出光和热。

第三，以爱国主义为核心的民族精神是传统文化价值体系的集中体现，以改革创新为核心的时代精神是传统文化的强力支撑。民族精神引领一个民族发展的价值取向，是一个民族凝聚力和创造力的源泉。五千年的历史长河之中，中华儿女为了民族的独立、解放、发展和强大，一代代前赴后继，不断奋斗，形成了以爱国主义为核心，刚健有为、自强不息、团结统一、和平友爱的民族精神。这种民族精神深深地植根于华夏儿女心中，千百年不断积淀成为一种深厚的民族感情，以一种无与伦比的强大凝聚力，将各民族、国家和社会牢固地凝聚在一起又不断传承。

时代精神是一个社会在最新的创造性实践中激发出来，反映社会进步的发展方向、统领时代进步的整体潮流，是一个社会最新的精神气质、精神风貌和社会时尚的综合体现。在社会创造性实践中所激发出来的改革创新精神，有着中华民族数千年的历史文化沉淀的深层根基。自强不息、艰苦奋斗的文化精神，是中国传统文化中中国人生存态度的集中体现。作为时代精神核心的改革创新精神，就是依托于传统文化中蕴含的变革思想，立足于反思传统，勇于超越现在、开创未来的精神。置身于中国改革开放和社会主义现代化建设的新时期，改革创新的时代精神，就是要肯定一切有利于社会进步的行动，尊重一切有利于创业实践的思想，支持一切有利于创新争优的品质，并最终内化为全体人民的奋发上进、施展才华、奉献社会、报效国家的意志和品格。

民族精神与时代精神是相辅相成的统一体，只有把时代精神的创立融入民族精神的完善中，才能使时代精神成为社会群体的行为自觉。而结合时代发展的需要，把以改革创新为核心，坚持解放思想、实事求是、与时俱进、开拓创新的时代精神纳入民族精神中，才能真正促进中华民族的大发展、大繁荣。民族精神和时代精神是社会主义核心价值体系的精髓，是中华民族赖以生存和发展的精神支撑，也是中国优秀传统文化的本源和精髓。以爱国主义为核心的民族精神和以改革创新为核心的时代精神相互交融，深深印刻在民族的生命力、创造力和凝聚力之中，共同为中华民族的伟大复兴提供着强大精神力量。

第四，社会主义核心价值观与传统文化一脉相承。社会主义核心价值观是社会主义核心价值体系的精神内核，是对社会主义核心价值体系核心内容和精神实质的高度凝练及抽象概括，集中体现出社会主义核心价值体系的根本目标和要求。从核心价值观这三个层面，我们都可以发现其有着深刻的中国优秀传统文化根源。

在国家层面上，中国传统文化倡导"文明以止""中庸协和"，旨在内修文德以化成天下、诚意正心以致中和；有了文明与和谐的保障，便能将民生与德治相统一、诚信与富民相统一，为"富强、民主、文明、和谐"等核心价值观的培育提供借鉴。

在社会层面上，传统文化对"公正""平等"有独特的揭示。传统文化强调诚信，诚信在社会层面上具体化就放大为公正与平等，在财富分配和教育普及化的基础上，根据社会实际，以及个人才德殊异做出公正决断和合理分配。然而，在传统文化中偏重于强调"德治"的引导，而相对忽略"法治"的落实，这点在我们今天的社会主义法治建设中，需要批判性地继承与转化。所以，中国传统文化对于社会层面的核心价值观"自由、平等、公正、法治"的培育，也有极大的促进和滋润作用。

在个人层面上，"爱国、敬业、诚信、友善"本来就是传统文化的内容。爱国的价值观在传统文化中是一个经典永恒的话题。

中国传统文化源远流长，为中华民族保持凝聚力做出了深远的贡献。社会主义核心价值观的三个方面通过借鉴中国传统文化的优秀价值观念，成为一个有机的整体，为全党全国各族人民团结奋斗打下牢固的思想道德基础，形成全民族奋发向上的精神力量和团结和睦的精神纽带，并且为社会主义和谐社会的构建提供重要保证。

二、中国传统文化在社会主义和谐社会构建方面的价值体现

和谐是中国传统文化的思想精髓和价值观念的最高原则，构建和谐社会是传统文化"中庸和谐"基本精神的价值体现。这种"中和"的精神造就了中华文明的历久不衰，并显示出自身强大的生命力和超越民族界限与国家界限的普世价值。

社会和谐是中国特色社会主义的本质属性，构建社会主义和谐社会是建设中国特色社会主义事业的永恒话题。

新的时代背景下，我们现在提出的构建和谐社会，有着新的时代内涵。"新时代社会主义和谐社会概括为人与人、人与社会、人与自然相和谐的社会，和谐社会的基本特征有六个，分别是民主法治、公平正义、诚信友爱、充满活力、安定有序、人与自然和谐相处。虽然任重而道远，但是，我们不畏艰辛，"和谐"当是全人类的共同期望。大力弘扬传统"中和文化"，有助于协调社会关系、化解社会矛盾、维护社会稳定，有助于构建社会主义和谐社会，有助于建设中国特色社会主义，更有助于世界和平发展。

三、中国传统文化在社会主义经济建设方面的价值体现

当今世界正处在大发展、大变革、大调整时期，文化与经济、政治等相互交融，日益成为社会经济发展的重要战略资源；国与国之间综合国力的激烈竞争，日益聚集于以文化为核心的软实力的竞争。中国的文化软实力是以中国传统文化为基础，充分运用传统文化的底蕴，向世界展示"中国品格"。当今时代，中国传统文化以其灿烂的思想精髓和宝贵的文化底蕴，为我们的市场经济建设和文化发展提供了得天独厚的基础。

将中国传统文化和市场经济结合在一起，恰好弥补了纯粹市场经济机制的不足，有利于市场经济的逐渐完善。在我国市场经济建设进程中，弘扬传统文化与市场经济的相容因素，通过经济基础与上层建筑的相互作用，可以实现传统文化的创新，将传统文化中的优秀成果发扬光大，形成中国特色的社会主义先进文化体系，更重要的是，能促进中国特色的社会主义市场经济的发展。

中国传统文化"自强不息"的奋斗精神、"以人为本"的人文思想，以及兵法谋略战略思想等，在今天成了发展中国特色市场经济的精神宝库。市场经济是一种知识经济，市场竞争归根结底是人才的竞争。在现代社会，随着信息知识时代浪潮的席卷，人才已经成为激烈市场竞争中的关键性因素。优秀人才是企业重要的战略性资源，对企业获取生存空间和发展壮大至关重要。合理运用中国传统文化中的优秀价值理念，对于有效地提高企业的经济效益，增强市场经济条件下企业的竞争力，有巨大意义。弘扬传统文化"以人为本"的思想观念，解放思想，尊重人才、培养人才和服务人才，实现人的自由全面发展，将"以人为本"的思想融入企业的精神，才能更好地促进企业全面、协调、可持续发展。孙子兵法的谋略思想、三国演义的战略思维，在市场经济竞争中被越来越多的企业家广泛运用，也被众多海外经营管理者奉为圭臬。

中国特色社会主义市场经济应是一种健康文明的市场经济，在今天弘扬传统文化"诚

实守信"的思想，对促进我国社会主义市场经济良性健康发展，显得尤为重要。市场经济是一种契约经济，诚实守信是经济活动的行为准则。当今市场经济中出现的问题，迫切要求我们加强社会主义精神文明建设，以中国优秀传统文化为基础，加强社会公德和职业道德体系的建设，显得尤为重要。中国传统文化倡导诚实守信，为培育社会主义市场经济活动中的"诚信"意识精神服务。"诚意正心"是传统思想关于人的修养的最基本要求，这同样适用于企业的经营和管理。一个企业想要在市场竞争中保持自己的生命力和良性运转，首先要有诚信。有了诚信经营的态度、如假包换的产品和童叟无欺的价格，才能赢得消费者的青睐和尊重，才能不断发展和扩大。各行各业，诚信是行为的根本，以诚信作为自身的行为准则和道德规范，市场经济运作才会秩序井然，保持良性循环。

传统文化中勤俭节约的优良传统，在社会主义经济建设中依然发挥着积极的作用。弘扬传统文化"勤俭节约"的精神，首先有助于增加储蓄量和积累资本，便于扩大再生产，有利于经济的长足发展。在发展循环经济、建设资源节约型社会的今天，更应大力弘扬中国优秀传统文化中勤俭节约的美德。鼓励人民高消费，片面地夸大"消费"的经济意义，并不能真正刺激社会需求，促进市场经济发展。

表面看来，"勤俭节约""艰苦朴素"的精神与市场经济的发展规律是相冲突的，社会需求决定经济生产，高消费就高需求、高需求就多产出。实则不然，因为在需求领域中，有的需求属于"消费"，而有的需求属于"浪费"。而"浪费"的破坏作用是隐性的，也是长期而巨大的。这种社会浪费的不断累积，会造成社会需求配置的不合理，反过来又会影响社会经济产业的配置，结果将会导致整个经济生产结构的动荡甚至崩溃。所以，我们必须建立勤俭节约的科学消费观，保证社会消费均衡，才能促进社会主义市场经济的良性发展。因为不均衡的消费结构，不只会导致社会资源的极大浪费，同时，更会腐蚀人的思想，消费与投资的恶性循环造成经济发展的障碍，由此造成市场经济结构的衰落。所以，大力倡导节俭型经济，反而更能促进市场经济更好更快发展。

弘扬传统文化和谐思想，能够为我国的社会主义市场经济建设提供和谐稳定的社会环境、自然环境与和谐的人际关系。在今天发扬传统文化中"和"的精神，使之服务于社会主义市场经济建设，有着重要的意义。因为在市场经济发展过程中，根源于中国优秀传统文化的道德体系始终作为行为标杆规范着市场经济活动，让人们在追求经济效益的同时正确处理好各行为主体之间的利益，实现公平竞争、健康发展。

在我国，坚持以公有制为主体、多种所有制经济共同发展的经济制度，坚持以按劳分配为主、多种分配方式并存的分配制度，都体现出社会主义最终达到共同富裕的最终要求，为和谐稳定的社会环境构建起着巨大的作用。同时应强调人与自然之间的和谐，经济的发展决不能以破坏环境为代价，应该尊重自然的规律，实行全面协调可持续的发展。再者，和谐的人际关系可以提高生产效率，增加企业的利润，并消解一定的社会矛盾，为经济的发展提供安定的社会环境，所以，人际和谐是一种无形的财富。随着我国市场经济体制的不断发展完善，各行各业之间的竞争越来越激烈，企业在注重生产力提高的同时，必须重视员工的个人性格、能力等方面的差异带来的各种矛盾问题，努力促成一种和谐的人际关系，促进员工的全面发展。所以，和谐发展、合作共赢，是发展社会主义市场经济的重要法则。

第二节 中国优秀传统文化对大学生德育的价值

全球化的剧烈冲击，对世界上任何一个国家和民族的传统文化，都构成了危险与挑战。但是，中国传统文化目前仍然是我们的主流文化，是我们用来解决问题的主要途径，也是我们保持民族认同感、归宿感的最后一道防线。博大精深的中国传统文化几千年来一直深深地影响着我们中国人的行为方式、价值观念、生活习惯，等等。处于市场经济环境中的我们应该更加重视中国传统文化，科学、合理、充分地开发和利用这一宝贵资源，以应对我们所面临的危机与挑战。在全球化的发展浪潮中，我们只有保持中国传统文化的独立性，才能辨清我们今后的发展方向，才能惠及我们的子孙后代，才能真正掌握自己国家和民族的命运，实现国家和民族的团结与复兴。

大学生是国家未来建设的主力军和接班人，他们综合素质的高低，尤其是道德素质、政治素质的高低，在很大程度上决定了国家未来的发展命运，因此如何加强大学生德育教育成为一个热点问题，同时也是一个难点问题。历经几千年洗礼的中国传统文化是我们中华民族的瑰宝，它所主张的道德自律、修身养性、慎独等个人道德修养的养成方法和思想，对于充实大学生的精神世界、强化大学生的道德素养、开阔大学生的视野，都有极大的帮助。充分认识和掌握中国传统文化的内涵和价值，充分挖掘和科学利用中国传统文化的精华和价值，对改造大学生的精神世界的作用不可估量，同样为我们进行大学生德育教育提供了许多行之有效的内容和方法，具有极大的现实价值和意义。

一、中国传统文化的优秀思想内容

大学生德育教育通过一系列得力的措施和政策展开，成功地为中国社会主义现代化建设事业培养了数以亿计的合格建设者和可靠接班人。

但也不得不承认，在大力提倡改革开放和发展市场经济的今天，还是对人的精神世界的培养有所忽视。当代大学生出现的信仰危机、诚信缺失、错误的价值观念、基本道德素质欠缺等问题，固然有客观的原因，但最主要的，还是大学生德育教育存在误区，其中一个很重要的方面就是忽视了对大学生的中国传统文化教育。

（一）爱国主义思想

中国传统文化中的爱国主义思想，对于激发人民的爱国情怀起着重要的载体和枢纽作用。爱国主义思想集中体现在为祖国、为人民利益赴汤蹈火也在所不辞的高尚情操，在日常生活中，表现为关心国家各方面事业关心的朴素感情。回首几千年的历史，在爱国主义旗帜的召唤下，我们出现了一批又一批前赴后继、为国捐躯的民族英雄，一代又一代的中国人民在爱国主义旗帜的指引下奋起抗争，使中华民族在几千年的历史中饱经忧患而不气馁，终于有了现在新中国的强大。

在中国传统文化几千年的历史进程中，爱国主义始终是中华民族精神的核心，是中华民族团结进取的精神支撑，是促进中国发展进步的强大动力。爱国主义思想寄托着人们对民族命运、国家兴旺的殷切希望，期盼祖国统一、繁荣昌盛，人民幸福安康是爱国主义最直接和朴素的要求，也是无数爱国主义者为之奋斗的目标。

大学生德育教育必须强化中国传统文化中的爱国主义教育，培养大学生爱祖国、爱人民的情感，进一步增强大学生的民族自尊心和自信心，只有这样才能使我们培养出来的大学生具有坚定的政治信念，才能在多元文化的复杂环境下保持民族本色，才能团结各民族奋勇前进。

（二）知行合一的思想

中国传统文化推崇"知行合一"的思想观点。"知"是指对道德认识的掌握，"行"是指将道德认识落实到实践中的行为。中国传统文化强调"知"与"行"必须统一起来，将能否做到知行统一作为衡量一个人的道德标准，并视作终身追求的目标。在古人看来，一个人如果知行不一，那他根本谈不上有道德。

知行合一的理论思想与我们今天所倡导的"理论与实践相统一"的观点是一致的。古人一向将自己的道德认识与道德实践统一起来，尤其强调重视"行"在道德素质培养中的关键作用；同时，中国传统文化在德育教育方法上，也注重将理论教育与实践教育相结合。读书再多，若不能用于实处，也是无益的。中国传统文化历来将道德视作人的内在品质，并重视道德的实践精神。强调个人在道德修养过程中要重视道德的内化，使道德认知在个人的内心中扎根。同时，中国传统文化中非常注重道德的实践精神，强调个人在社会实践中解决"知"与"行"的脱节问题，使德育取得事半功倍的效果。

"知行合一"的思想告诉我们，在大学生德育教育中不要仅仅局限于理论知识的传授，而更应该注重学生行为习惯的养成，关心学生道德知识的内化，这样做，才能使德育教育实现高效性。因此，在当前大学生德育教育中正确借鉴中国传统文化中"知行合一"的理论思想，对于解决现在德育教育中的知行脱节问题，具有极大的参考价值和现实意义。

（三）"和合"思想中的和谐观

"和合"思想是中国传统文化中的精华，是我们在处理个人与国家、人与人、人与社会、人与自然各方面关系的重要指导思想，也是目前人类所要努力达到的理想境界。

1. 修身养性的自我和谐观

任何事物都不能离开个体而单独存在，中国传统文化中的"和合"思想首先反映了个人的自我和谐观。在个人修身方面，孔子提倡凡事要适度，超过这个"度"，就是"过"，反之则"不及"。回到两千多年前的中国，当时的传统思想就提出了个人应通过正心、修身来正己，强调个人要通过加强个人修养来达到身心内外的和谐。

2. 人际间的和谐观

传统思想倡导，人与人之间应该建立一种"以和为美"的和谐关系。传统思想所提出的仁、义、礼、智、信等社会道德规范，适用于目前我们正在建设中的公民道德体系。如果每一个社会成员能够将"人和"思想作为一种价值标准来规范自己的行为，来处理人与人之间的各种关系，那我们实现和谐社会的意愿，也就水到渠成了。

3. 人与自然的和谐观

"天人合一"思想代表了中国传统文化中追求人与自然和谐相处的思想。在人与自然的关系处理中，传统思想强调自然是不可战胜的，人们的行为应该与自然相统一，不能违背自然的本意。虽然这种说法否定了人类的主观能动性，具有一定的历史局限性，但是，随着全球自然灾害频繁发生，我们现在终于明白古人对我们的告诫。我们能够改造自然，但却不应该打着改造自然、征服自然的旗子，做一些超出自然界承受能力的事情，如果这样，只能是破坏自然，使我们人类自己陷入万劫不复之地。只有人类与自然和谐相处，才能真正实现人与自然的统一和平衡。中国传统文化中"天人合一"思想，对于解决我们目前面临的环境污染、生态失衡等问题，具有极大的参考价值。作为未来建设者的当代大学生，则更应该汲取目前我国发展中出现的教训，在今后的工作中，科学合理地处理人与自然的关系，为国家的可持续发展贡献自己的智慧和才能。

中国传统文化中的"和合"思想充满了丰富的和谐观念，对于促使大学生合理正确地处理各种矛盾，化解社会问题，构建社会主义和谐社会有着重要的借鉴意义。

（四）诚信精神

中国传统文化中将诚信作为人的本质特征之一，一个人如果没有诚信，将在社会上寸步难行，更不用说在社会上安身立命了。

在中国传统文化的诚信思想中，诚信被放到了"天之道"的高度，是任何人必须遵守的道德规范，是人们生活中不可动摇的法则。培养国家未来建设者和接班人的高校，应该责无旁贷地担负起历史的重任，利用一切教育资源和手段，塑造大学生的诚信意识，让大学生在良好的诚信氛围中养成诚信立人的意识和品格。

二、中国传统文化中的优秀教育方法

中国传统文化蕴含了丰富的、优秀的德育教育内容，它所包含的优秀教育方法更是中华文明的瑰宝。科学、合理地利用中国传统文化中的优秀教育方法，为我们进行大学生德育教育提供了宝贵的资源和支持，有利于增强大学生德育教育的针对性和实效性。中国传统文化中的优秀教育方法丰富多样。下面就以下几个方面逐一阐述。

（一）言传身教

教育者必先受教育，这是对全体教育工作者的要求。教师在教育过程中必须注重自身素质和言行，也就是中国传统文化中强调的"为人师表"。中国传统文化中强调，教师在教育学生过程中必须以身作则、身体力行，为学生起到模范表率作用。

如果一名教师在学生面前言行不一，就会造成学生思想观念的混乱，使学生向不好的方面发展。"正人先正己"的思想贯穿于整个中国传统文化中，无论古代还是当代德育教育中言传身教都是一种有效的教育方法。一名受学生尊敬和爱戴的老师，肯定在教育工作中注重言传身教、率先垂范，各个方面都成为学生的榜样，潜移默化地影响学生的思想、行为，使广大学生为之折服。

（二）有教无类并因材施教

我们承认，人与人之间存在聪明与愚钝、富贵与贫穷、内向与外向等方方面面的差异，但是，我们更应该懂得这些差异完全可以通过正确得当的教育方式予以消除。中国传统文化中包含的"有教无类，因材施教"的教育思想和方法，在我国教育思想史上占据了重要的地位。当前的教育现状却恰巧相反，从幼儿园到大学各个阶段的教师忘记了我们提倡的全面发展的教育思想，往往在工作中只突出"智"的地位而忽略了德育和体育等方面。通常在教育过程中，无论是教师还是学生，都在以考分为重的思想指导下，自觉或不自觉地以学习成绩作为衡量一个学生是否优秀的唯一标准。整个社会的人们都形成了学习好的学生就是好学生、学习不好的学生就不是好学生的思维定式，无形之中给学生的心理上蒙上一层阴影，对于学生的全面发展也是非常有害的。作为一个优秀的教师，应继承和坚持中国传统文化中"有教无类"的教育原则，面对各种类型的学生，首先应该善于发现每个学生的优点和潜力，而不是简单粗暴地、过早地给某个学生妄下定论，使每一个学生能够感受到老师的关爱，使他们"亲其师，信其道"，自觉、愉快地接受老师的教诲。根据学生各自不同的个性特点，发挥学生的个性优势，因材施教，是非常重要的。

（三）寓教于乐

寓教于乐是指教师在教育过程中，将多种不同的文化形态融入教育内容中。比如，在教育过程中融入美术、音乐、体育活动等，创造一种愉快的学习氛围，使学生能够在轻松的环境中积极参与到学习中来。同时，积极地配合教师的教育工作，愉快地接受教育。寓教于乐的教育方法关键在培养学生兴趣，烘托一种快乐的氛围只是一种手段，让学生乐于接受才是目的。这种方法能够让枯燥无味的课堂变得生动有趣，消除学生审美疲劳，充分发挥教师的主导作用和学生的主体地位，符合教育与自我教育相结合的教育原则，运用得当的话，将大大提高学生学习的兴趣。

（四）内省与慎独的修身思想

事物是由内因所决定的。所以，在大学生德育教育工作中，我们应该更加重视学生自身的主观能动性。中国传统文化中，将这种修身的方式称为内省。在与人交往中，如果一个人有好品行，就应该向他看齐，虚心向他学习；如果身边的人品行不端，就要时刻注意对照检查自己的行为是否符合道德规范，要引以为戒，防止出现别人存在的类似的错误行为。一个人要做到自省并不需要复杂的条件，随时都可以进行，关键在于一个人的自觉。孔子在为人处世、言谈举止、衣食住行等方方面面都极度重视自省的修身方式。面对复杂的社会环境和人生百态，能够通过反复的内心洗礼，杜绝率性而为的行为，能够明辨是非、认清善恶，从而完成自我超越。这种通过自省修身的方式和过程，体现了以人为本的内涵，重视个人在德育教育中的主体作用，有利于升华个人思想道德境界，直至达到理想主义者的境界。

中国传统文化中关于修身的内省思想主张，影响了中国几千年的历史。后人在总结归纳传统内省思想的基础上，又推出了一个修身方式的更高境界——慎独。一个人如果是君子，那么他即使在别人看不见的时候，也会非常注意自己的言行；在别人听不到的时候，也会对个人的行为品质保持高度的谨慎。世界上不存在不能被察觉到的东西，即使最微小的东西，也有显现的时候。所以，君子在没有人监督的情况下，其言行举止也总是非常小心谨慎的，绝不做任何违反道德规范的事情。

大学生德育教育必须坚持以人为本的思想，所有的道德理论知识必须首先通过学生个人的内化转变成个人的道德信念，然后再形成个人自觉的道德行为，形成符合社会道德规范的道德品质。中国传统文化始终强调"修身为本"，这是中国传统文化中最具特色的内容。中国传统文化中所包含的内省、慎独等修身思想，是留给我们的宝贵精神财富，也是对人类德育教育思想理论体系的重要贡献，对于指导目前我们的大学生德育教育工作，也是必不可少的。在大学生德育教育中提倡自省、慎独的修身方式，强调了大学生作为教育主体而充分发挥自我修养的主观能动性。同时，通过外部因素的适当影响和引导，将大学生的这种主观能动性转变成一种自觉的行为习惯，有利于促使大学生在道德认识和道德实践方面，能够自觉按照社会道德规范要求进行自我约束、自我提升，推动大学生去获取更高的道德认识，达到更高的道德境界。

（五）启发式教育

中国传统文化对教师的工作态度和学术素养提出了很高的要求。其中尤以我们耳熟能详的"学而不厌，诲人不倦"的教育思想为历代教师所推崇和追求。一名教师要给学生一杯水，那么，教师必须有一桶水。这形象地告诉我们，一名教师必须具有渊博的知识才能更好地教育学生。那么，教师怎样才能做到这一点？那就是教师必须坚持在日常工作和生活中做到"学而不厌"。只有这样，才能够使自己掌握的理论知识能够不断更新、与时俱进，不断丰富自己的学识，提高自己的教学能力和水平，满足学生的需求。同时，教师所表现出的"学而不厌"的精神也必然会影响到学生，学生必然会学习教师勤于学习的习惯。反之，如果教师都不注意学习，学生又怎么会喜欢学习。"诲人不倦"是教师所具备的更高层次的精神境界，怎样才能做到诲人不倦呢？只有坚持"学而不厌"精神，积累丰富的知识和经验，才能做到诲人不倦。学而不厌与诲人不倦是相互统一的，学而不厌是诲人不倦的基础。如果头脑中没有丰富的知识积累，是做不到诲人不倦的；同时，如果不将理论知识通过诲人不倦的教育方式传授给学生，学而不厌也不会坚持长久。如果一名教师自身理论知识匮乏，那么，他也只能是生搬硬套、照本宣科，仅仅把学生当成接收知识的机器，自然也就不会去关心学生的兴趣和爱好，也不能培养热爱自己事业的兴趣，不能专心地投身到教育事业中去。

中国传统文化中还强调教师在教育过程中要讲究教学方法。孔子在教育过程中喜欢通过循循善诱的方式来开启学生的心智。

三、中国传统文化对大学生德育教育的意义

中国传统文化蕴含着深厚的德育教育资源，不论是教育理念、教育原则、教育内容还是教育方法。加强中国传统文化在大学生德育教育中的利用，不仅能够丰富大学生德育教育的理论资源，更对新时期开展大学生德育教育在价值观和方法论等多方面，具有重要的指导和启示意义。

（一）培养大学生爱国主义精神

爱国主义被人们形象地称为中华民族的民族之根、民族之母、民族之魂，历经几千年而不朽，始终是我们中华民族的主题思想和精神支撑。爱国主义是一种道德规范和行为准则，表现在个人对国家的忠诚与热爱。但是，随着改革开放的深入、市场经济的发展和外来腐朽文化的侵蚀，当代大学生的爱国主义思想观念和行为发生了巨大的变化。比如，当代大学生的社会责任感、国家主人翁意识、集体观念逐渐淡化，取而代之的是个人利己主义、拜金主义充斥着大学生的头脑，严重影响了当代大学生树立正确的爱国主义观念。

中国传统文化中"天下为公"的爱国主义思想，一直为历代仁人志士所推崇。在爱国主义旗帜的召唤下，我们中华民族形成了不屈不挠、勇于进取的民族气节，形成了"国家兴亡，匹夫有责"的爱国主义意识，对推动中华民族的历史起到了至关重要的作用。当前，国际国内形势复杂多变，在这样的复杂环境下，我们更应该重视培养大学生的爱国主义思想。当代大学生深受悠久的中国传统文化熏陶，更应该继承爱国主义传统，勇敢地担当起自己的历史使命和责任，将赤子之心全部无私地奉献给祖国和人民。通过中国传统文化中所蕴含的爱国主义思想来教育当代大学生，能够使他们清醒地认识到个人利益与国家的整体利益是息息相关的，正确地处理个人与国家之间的利益关系。促使大学生能够培养对国家的忠诚，毫无保留地将自己的知识才能奉献给国家和人民，做到无愧于国家和人民，努力成为有理想、有志气、有气节、有尊严的好青年。

（二）帮助大学生树立正确的人生观和价值观

大学生在思想行为、道德认知和心理等方面有了一定的发展，但是，因为社会阅历较浅，因此，他们的思想还不够成熟。这个时期也正是大学生形成人生观和价值观的关键时期。大学生德育教育要面对大学生自身的缺陷，比如，他们有着先进的创新意识，但在处

理问题的时候，却缺乏艰苦奋斗和持之以恒的决心。同时，我们更应该注意到外界因素的影响，当前我国正处于新旧体制的交替时期，市场经济运行下的新型思想道德体系标准还未完全建立，加上各种不良社会思潮和现象的冲击，使部分大学生的人生观和价值观出现了功利化、金钱化的扭曲，对他们的人生观和价值观的形成产生了极大的副作用。目前大学生思想行为上出现的重个人利益轻国家集体利益、重物质利益轻人文素质、重金钱而轻理想等现象，不能不引起广大德育教育工作者的重视，加强对大学生的人生观和价值观的教育已经是箭在弦上，不得不发了。

如何培养大学生树立正确的人生观和价值观呢？我们不妨从中国传统文化中去汲取养分。中国传统文化中将追求高尚的道德人格作为主要思想。比如，前面我们提到一些好的道德思想和教育方法，对于塑造大学生良好的道德人格有着良好的借鉴作用。中国传统文化有助于培养大学生形成传统的、朴实的思想品格，使大学生在处理个人与他人、个人与国家、个人与自然的关系时，能够保持正确的思想观念。比如，自省慎独的修身思想对培养大学生个人的人生观和价值观有着不可估量的作用。它那种自尊、自重、自律、自强的精神，对我们今天的大学生德育教育也很有启发和教育意义。当代大学生应继承与发扬中国传统文化中关于人生观、价值观的优秀思想，树立正确的人生观、价值观，造就理想人格，为推动中国传统文化的发展和中华文明的进步做出自己应尽的贡献。

（三）丰富高校德育资源

长期以来，我国高校德育教育已经形成了刻板的、强制的、灌输式的教育模式。目前我们的高校德育教育不是向大学生传授他们所需要的关于个人品行养成的内容，更多的是片面强调政治教育。这种片面的德育教育模式歪曲了德育的本意，导致了当代大学生重说教、轻实践，重外律、轻内修，使高校德育教育严重背离了大学生的成长成才规律。同时德育教育效果还得不到充分的体现，德育教育的社会价值更就无从谈起。

良好道德素质的养成不是一蹴而就的。众所周知，德育教育是由道德认识的掌握、道德认识的内化和道德行为的实践三个阶段组成的，道德素质的养成是需要经历不断的道德认识的内化的长期的复杂过程。每一个阶段的发展变化都是和受教育者的主观能动性息息相关的，这与中国传统文化中所提倡的自省慎独的自我修身思想是相统一的。自我修身的思想观点突出了学生主体内在的道德自觉性，为我们在德育教育过程中，充分发挥学生主体的主观能动性指明了方向。

同时，德育教育工作者应该改变以前那种灌输和强制地传授知识的方法，转而树立学生自我修养才是进行德育教育实现高效性的思想观念，帮助学生进行自我品行的培养，使学生自觉地遵守道德规范，从而实现德育目的。在教育目标上，中国传统文化中有教无类、因材施教的思想告诫教育者，应该力求遵循学生的个体性差异，施以不同的教育内容或方式，使每个学生都形成独立的思想和人格，这才是德育教育的目标，也是保证德育教育取得实效的前提。在教育方法上，中国传统文化中倡导运用启发诱导的方法来激发学生追求道德理想的兴趣，使学生不再沉溺在枯燥无味的课堂教学内容中，养成好学、善学、乐学的习惯，实现学生的道德自立。

中国传统文化的诸多优秀思想内容和教育方法，对于引导学生自我认识、自我反思、自我实现、自我超越，最终完成自我教育，提高自身修养，意义重大。如果在高校德育教育中能够科学合理地利用中国传统文化中的这些思想和方法，终有一天，我们高校的德育教育会实现真正的"不教之教"。

第三节 中国传统文化在大学生德育教育中的实现策略

当前社会发展处于大融合状态，不同的思想文化之间发生了前所未有的激烈碰撞。在这种复杂环境下成长起来的大学生，对很多文化观念的理解都是似是而非的，经常会感到彷徨和迷茫，甚至导致错误观念的形成和行为发生。中国传统文化源远流长，它所包含的内容和思想博大精深，对造就适应21世纪我国现代化事业的建设者和接班人具有极其重要的意义。面对当前复杂多变的社会环境，如何充分、合理、科学地利用中国传统文化，来强化大学生德育教育，使培养出的大学生不仅具有先进的科学理论知识，还要具备较高的人文素质和高尚的道德观念，是我们整个社会和大学生德育教育中不得不面对的问题。作为一名德育教育工作者，应进一步"解放思想，勇于实践，勇于创新"，善于并积极地挖掘中国传统文化的优秀内容、优秀思想和优秀方法，作为大学生德育教育的宝贵材料，有针对性地对当代大学生进行中国传统文化方面的教育、熏陶和引导，努力寻找传统和现实的结合点，继承和发扬中国传统文化。只有这样，才能使中国传统文化在大学生德育教育中实现它的价值。

一、营造具有浓厚中国传统文化氛围的环境

一个人不可能独立于社会之外而生存，只有在社会环境的影响下，才能形成一定的价值观念和道德品质。随着高等教育教学改革的深化，学校已经改变了以往封闭式的管理，逐步走向开放。这种变化的出现使大学生接触社会的机会越来越多，同时受到了社会上各

种社会思潮、价值取向的强烈冲击,影响了大学生的人生价值观。社会环境是一种更广泛、更重要的教育,学校教育只是个人成长阶段的一段插曲,而不是教育的全部。学生在学校接受教育时,不可避免地还要同时接受社会教育。为了在大学生群体中更好地继承和发扬中国传统文化,必须通过切实可行的措施,营造富有中国传统文化气息的社会环境,营造一个全社会尊重和倡导中国传统文化的良好社会环境。

(一)社会环境的营造

首先,教育、文化等相关政府部门要切实加强政府的主导地位,从制度上对中国传统文化进行普及和保护,促进中国传统文化的发扬光大。比如,制定相关的目标责任和加强体制机制建设,将中国传统文化教育纳入到公民道德体系建设的总体规划中来,将中国传统文化教育放到优先发展的战略地位,做到思想上高度重视、财力和人力上大力支持,使中国传统文化的传承有据可依、有章可循,真正落实到大学生生活的方方面面中去。同时,注意激发、培养大学生学习中国传统文化的热情和兴趣。比如,各地应多开展各种有益的中国传统文化教育活动,诸如中国传统文化知识讲座、传统文化宣传月等活动,以大学生喜闻乐见的形式,对中国传统文化进行推广。其次,政府要在大力营造良好社会环境的同时,采取有力措施加大惩治社会不良风气和丑恶现象的力度,根除丑恶的不良风气,净化社会环境。比如,社会上存在的不健康的娱乐方式、腐败问题、信用问题等,严重不符合中国传统文化价值观的现象和行为。最后,我们应重视民间中国传统文化的保护,积极发展民间保护组织。由于中国传统文化历史悠久、种类繁多,导致许多文化遗产未能得到政府部门的重视和有效保护,使其处于自生自灭的境地。而民间保护组织因为缺乏资金、人力等原因,又难以承担中国传统文化保护和传承的主要职能,造成许多优秀的中国民间传统文化面临消失的危险。为此政府有责任整合资源,调动一切社会力量,加大对民间组织的扶持力度,形成全民参与中国传统文化保护的局面,依靠人民自发地保护来传承和发扬中国传统文化。另外,我们还需要大力树立典型,如开展的"感动中国十大人物"评选、十大孝星评选等。针对社会上出现的好人好事要大张旗鼓地予以宣传、报道,使广大群众坚信感动就在自己身边,自觉形成中国传统文化价值观。

(二)舆论环境的营造

随着社会的进步和发展,传媒技术的不断革新和高速发展,提高了文化的传播速度、广度和深度,对中国传统文化知识的传播发挥日益重要的作用。但是,目前我们对中国传统文化的传播力度严重不足。各级各类新闻媒体为了经济利益,多进行广告、选秀、追星、以及一些无聊的娱乐节目播放，缺少中国传统文化的舆论导向。这样有可能导致大学生对中国传统文化的认识不清甚至是误解，使中国传统文化的传播严重受到干扰。只有通过媒体的宣传和舆论导向，才能使中国传统文化走进我们的生活，才能让中国传统文化重新深入人心。因此，我们要充分发挥大众媒体的积极作用，不要仅仅为了追求经济利益而忽视了社会效益。大众媒体要切实担负起中国传统文化传承的纽带和桥梁作用，努力创作一些符合时代特征和民族特色的、能够陶冶情操的优秀文化作品，努力做中国传统文化的生产传播者，引导大学生树立正确的中国传统文化观念，提升审美水平和道德修养。

（三）校园文化环境的营造

校园文化是学校的生命所在，是学校全体师生在长期的教育教学实践过程中积累的精神财富，一所历史悠久的学校必然有着深厚的校园文化底蕴。校园文化环境对大学生的影响是无形和巨大的，发挥潜移默化的教育作用。我们应该努力营造具有深厚中国传统文化底蕴的校园文化环境，使每一个学生都处于这种氛围的熏陶中。

我们应该在学校宣传栏和走廊墙壁上多布置一些中国传统文化中的名言警句，多悬挂一些民族英雄和历史名人的肖像，使中国传统文化与校园环境建设有机地结合起来，巧妙地打造一个精致而富有中国传统文化气息的环境，潜移默化地引导学生热爱中国传统文化。另外，采取学生喜闻乐见的方式，将中国传统文化融入丰富多彩的校园文化活动中。例如，邀请在中国传统文化方面有较深造诣的专家学者来进行专题讲座，举办中国传统文化经典朗诵、传统文明礼仪培养等。通过开展各种有关中国传统文化的活动，使学生在学习中国传统文化知识的基础上，不断提升自己的思想境界；再者，应该充分发挥学生社团的作用，多成立一些与中国传统文化有关的学生组织。在教师的指导下，通过学生自我管理、自发组织各类活动，既为自己营造一个良好的中国传统文化氛围，又丰富了校园文化环境的内涵，最关键的是，可以自己亲身领悟到中国传统文化的精华，这更利于学生对中国传统文化知识的内化和升华。

（四）家庭环境的营造

父母是学生的第一任老师，家庭是学生接触的第一个环境，父母的一言一行和家庭环境的熏陶，对学生的一生都将产生永不磨灭的影响。努力消除家庭环境中影响学生成长的负面因素，营造一个富有中国传统文化气息的家庭环境，将有利于学生对中国传统文化的认可和接受。但是，在现实环境中许多父母没有对孩子进行中国传统文化的引导和教育，甚至部分家长认为，中国传统文化等各方面比发达国家要差得远，认为孩子用来学习语文、历史的时间还不如用来学习英语，在思想上存在一定的崇洋媚外心理。同时，因为各种原因，有的父母缺少时间和孩子进行交流，更没有时间去引导孩子学习中国传统文化；有的父母则违背孩子的意愿，整天强制学生学习与中考、高考有关的知识，而忽视了对孩子进行正确的中国传统文化教育，尤其是传统德育观念。父母应该意识到这种错误行为和思想对孩子的影响，应该培养自己拥有良好的传统文化素质，能够对子女出现的困惑和迷茫进行疏导，能够做子女的良师益友；再者，父母不能因为子女处于大学阶段，就放松对他们的管理和要求，因为这个阶段的孩子正是价值观形成的主要时期，父母应该更加重视对子女的品德教育，健全子女的人格和道德素质；对于离开父母开始独立生活的大学生来说，父母应该充分信任和理解，尊重子女的思想和自由，同时，又要多关心他们，多了解他们的想法；最后，父母要加强与教师的沟通，配合学校做好孩子的教育管理工作。

二、改变中国传统文化在高校弱化的现象

高校作为培养国家高素质人才的主阵地，必须有效地开展对大学生的德育教育，培养合格的社会主义建设者。高校德育工作中引入中国传统文化，就为学生寻找到一种品德修养的传统渊源，夯实了学生品德发展的文化基础。因此，高校必须加强对学生的德育教育，通过课程体系和内容改革等，努力发掘和利用中国传统文化，营造高品位、高层次的传统文化氛围，以培养学生的高尚品质。

（一）加强组织领导和制度建设

目前，我国多数高校对自然科学研究成果比较重视，对人文学科的发展关注却比较弱化，对中国传统文化知识的普及，更是缺少相应的倡导和鼓励措施，严重削弱了人文学科教师的工作积极性。为此，学校有必要成立相关的领导组织机构和完善规章制度建设，为顺利推进中国传统文化教育的开展提供制度保障。为此我们应该做好以下几项工作。

首先，要成立和健全领导负责制。成立中国传统文化教育领导小组，由分管学生工作的校领导主管该项工作，有关部门、学院（系）领导应各负其责。其次，要健全规章制度，制定关于中国传统文化的教学任务目标，在教师的日常管理中和学生综合测评及日常考核中增加中国传统文化素质考核，直接与教师职称和学生的评奖评优挂钩，以保证中国传统文化教学任务的完成和教育质量的提高。最后，不要一味地追求专业数量的增加和高楼大厦的建设，学校要设立中国传统文化教育专项基金，并切实保证专项基金的投入，鼓励中国传统文化的创新与普及，同时将中国传统文化的研究成果与其他科研成果放在同等地位，提高人文学科教师地位，激发他们的工作积极性。希望通过以上领导管理体制和规章制度

的建设，保证中国传统文化教育在高校能够得到有效的落实，确保该项工作能够扎实推进。

（二）调整课程设置

高校目前的课程设置中重理轻文，忽视了自然学科与人文学科的统一。其中，人文学科的教学内容中还严重缺乏中国传统文化的相关理论知识。高校对大学生进行德育教育，过多地集中在政治教育，缺少中国传统文化中关于人格和道德的培养，使得德育工作缺乏力度和实效，现阶段的大学生德育教育需要一场革新。首先，要通过对学科、专业设置的调整，来改良德育教育机制，废除各个学科原来互相独立、互不统一的单向关系，逐渐实现各个学科向你中有我、我中有你的相互融合的方向发展，构筑起合理的学科知识体系。尤其是要在各个人文学科中积极地渗入中国传统文化元素，使各学科的大学生都能沉浸在中国传统文化的知识海洋中，最终实现传统与现代的统一，树立正确的价值观、道德观。其次，如果剔除中国传统文化中的糟粕思想，如等级观念、迷信思想等，中国传统文化的基本内容和思想对大学生的培养是有正面教导作用的。因此，在德育教育内容上，应该在对大学生进行以"两课"为主的思想教育过程中，适时地将中国传统文化中的优秀思想融入其中，充分利用中国传统文化的感化功能对大学生进行教育，提高"两课"的教育效果。

（三）调整教育方式并提高德育教育实效性

现阶段我国的大学生德育教育多采取课堂说教的形式，方法单一、陈旧而且僵化，难以触动学生的内心深处。而中国传统文化中倡导实践的思想，能够帮助我们德育教育工作者走出误区。我们不应该让课堂教育成为德育教育的唯一阵地，应该带领学生走出课堂、走出校园，到社会中去感受，让德育教育更贴近学生的生活，让本来枯燥无味的德育教育更有人情味，更能震撼学生的心灵，更容易为学生所接受。

除了充分发挥中国传统文化中提倡的实践教学方法外，我们还要充分发挥现代技术的作用，创新教学方法。比如多媒体技术、网络资源等，将中国传统文化及其他优秀思想通过比较直观的视觉反应直接刻画在学生的印象中。课堂教学中也易采取互动式的教学方式，为学生之间提供更多的学习和交流机会，充分发挥学生想象力，既发挥了学生的主体作用，又拓宽了教学内容和学生视野，还活跃了课堂气氛，使学生能够产生学习的乐趣。

（四）提高教师的中国传统文化素质

教师在一定程度上成了学生的风向标和指示牌。要提高学生的中国传统文化素质，首先要提高教师的中国传统文化素质。因为教师的素质如何直接影响到学生。

教师首先要按照中国传统文化中对教师的要求，注重师德。目前，我国正处于社会转型时期，各色各样的价值观念和道德现象充斥在社会乱象中，使人们的价值观念和道德观念发生扭曲变形。在这种形势下，教师更应该发扬"捧着一颗心来，不带半根草去"的高尚师德情怀，自觉加强中国传统文化的学习，发扬以身作则的工作作风，真正做到为人师表。随着知识时代的快速发展，知识更新速度地不断加快，作为一名教师不应该满足于原有的知识。教师应该树立终身学习的思想，不断提高自己的专业知识，不断丰富自己的中国传统文化知识，掌握中国传统文化中关于学生教育的先进思想和方法。只有这样，才能在教学过程中贯通中西，才能充分调动学生学习兴趣和求知的欲望。同时，学校应该培养一批中国传统文化教育方面的骨干教师，组织或帮助广大教师接受中国传统文化知识方面的培训，使教师能够走出相对比较封闭的校园环境，开阔视野，进而提高自身的传统文化素质。只有这样，才能把大学生培养成出色的建设者和接班人。

三、充分发挥大学生的主体地位

大多数的大学生认为中国传统文化对自己是有帮助的，并对学习中国传统文化有着浓厚的兴趣，这就为我们在大学生群体中有效地开展中国传统文化教育奠定了基础。问题的关键是，我们应该如何发挥大学生自身的主观能动性，充分将他们对中国传统文化的兴趣转变成学习的动力，能够主动和自主学习。

（一）大学生要认识自我

目前，我国处于政治、经济、文化等各方面转型的关键时期。这一过程是长期的、复杂的、痛苦的，必然引起大学生传统的思想道德观念、行为规范和价值观念的颠覆，导致大学生"主体性"的迷失。例如，部分大学生追求物质享受、功利化的同时，产生了基本道德规范失衡、责任感缺失等不良行为。目前社会发展不仅仅是需要纯技术性、知识型的人才，更多的是，需要具备综合素质的综合型应用人才，尤其看重道德品质。这就要求大学生不仅要具备某项知识技能，还要具备良好的文化素养和道德品质。如果大学生连基本的中国传统文化常识都缺乏，又怎么能够培养与社会发展要求相适应的道德素质呢？大学生如果清醒地认识到自己的处境，认识到自己缺失中国传统文化素质和道德观念的现状，相信他们会改变自己原来的观念，在努力学好专业知识的同时，自觉地努力学习中国传统文化知识，不断提高个人道德修养和传统文化素质，把自己培养成德才兼备的、社会需要的优秀人才。

（二）大学生要认识中国传统文化的价值

中国传统文化素质的培养是一个长久的过程。但是，目前部分大学生却存在急功近利的思想，难以坚持学习中国传统文化，也难以看到中国传统文化为他们带来的长远益处。而在全球化的冲击下，各种思潮和多元文化使大学生难以抉择和把握。尤其面对发达国家的文化冲击，使部分大学生放弃了中国传统文化，转而在欧美文化中寻找出路和精神寄托。大学生有必要对中国传统文化的价值有一个正确的了解。中国传统文化博大精深，尤其是它包含着丰富的德育思想和个人修身的方式、方法，在历史传承下来的古典经史子集、诗词歌赋中都有所体现，其内容丰富、思想深奥、形式多样，富有感染力，是我们现代人所望尘莫及的。大学生要深深地去品味和理解中国传统文化中的独特价值和魅力，认识到中国传统文化在几千年的历史中发挥的重要作用，认识到中国传统文化对个人发展所具有的重要价值。

（三）大学生要重视实践

中国传统文化中强调道德认识与道德实践的统一，即要做到"知行合一"。大学生的道德认识与道德实践相互统一，是其价值观念成熟的主要标志，是决定大学生将来成人成才的主要内因。但是，目前大学生的道德认识和道德实践却存在严重的脱节现象。大学生不仅要认识中国传统文化价值，树立正确的价值取向，提高学习的兴趣和热情，更要积极地参与和落实到社会实践中去。在为祖国和人民服务、为社会做贡献的实践基础上，不断感受、内化、固化已经形成的中国传统文化价值观。从生活中的点滴小事做起，并从中获取道德认识，成为一个有着深厚中国传统文化理论知识的、品质高尚的人。

四、批判地继承和创新中国传统文化

中国传统文化是一把双刃剑，精华与糟粕并存，具有明显的两面性。

用得好，能够帮助大学生人生观、道德观和价值观的形成；用得不好，可能使学生走向反面。同时，中国传统文化历经几千年，富有创造性和创新性，只有不断地创新和丰富它，才能让它永葆青春，发挥它应有的作用和价值。

（一）批判地继承中国传统文化

中国传统文化历史时间长、空间跨度大，每个发展阶段和每个历史朝代都增加了不同的内容，构成的成分比较复杂。可以说，积极与消极并存，精华与糟粕同在。因此，大学生必须保持清醒的头脑，坚持批判继承的原则，取之精华，弃之糟粕。首先要继承。大学生德育教育呼唤中国传统文化的加盟，中国传统文化中许多有价值的东西，客观公正地反映了事物的本质和规律，反映了中国人民几千年来积淀形成的价值观念和道德观念，是应当继承和发扬光大的。例如爱国主义、集体主义、诚实守信、勤劳勇敢、与人为善等思想精华。

同时，中国传统文化必定有其时代的局限性，我们在利用时，也要反对夸大其词，不能什么都采取"拿来主义"。中国传统文化中的消极思想足以使大学生迷失心智、涣散人心，这已经有前车之鉴。因此，我们在利用中国传统文化的时候，必须保持清醒的头脑，分清好与坏的成分，做出正确的选择。首先大学生应树立正确的判断标准，那就是凡是有利于国家发展、有利于人民幸福的都要继承和发扬，凡是阻碍社会进步的都要加以批判或消除。只有确立了判断标准，才能使自己认清形势，对中国传统文化做出正确的判断，才能树立正确的道德观念，推进中国传统文化的发展和延续。对待中国传统文化的糟粕，如封建迷信思想等，我们要严厉批判，狠狠打击，不仅要在形式上清除这些东西，更要消除其所产生的无形的消极影响。只有做到对中国传统文化精华加以继承和宣传，对消极落后的内容旗帜鲜明地进行批判消除，才能使中国传统文化在大学生群体中得到良好发展。

（二）创新中国传统文化

中国传统文化有着辉煌的历史，在社会主义现代化建设的伟大实践中，我们一定会创造出更加绚丽多彩富有中国特色的文化，对人类文明做出新的贡献。目前，中国传统文化传承和发展的物质基础、所处的社会环境，以及传播方式都发生了天翻地覆的变化。因此，对待中国传统文化，我们应该发扬与时俱进的精神，勇于推陈出新，使其符合时代要求，使中国传统文化在新时期仍然是全国各族人民奋勇前进的精神动力。由于中国传统文化富有创新性和包容性，才使它不断超越旧传统，得以在几千年的历史发展中不断地完善和发展延续。

历史的经验告诉我们，任何一种优秀的传统文化，只有符合时代节奏，不断地改造和创新，才能永不枯竭，保持旺盛的生命力。我们在保持中国传统文化主体性的同时，必须敢于突破旧的传统模式，敢于采用新的观念来代替旧的观念，积极地面向未来。只有这样，才能真正保证中国传统文化永远保持与时俱进的先进性，才能被广大人民所接受，才能使中华民族的优良传统得以继承和发扬光大。

五、处理好与其他文化的关系

在全球化的今天，大学生面临着多种文化潮流的影响。例如，中国传统文化和现代文化、本土文化与外来文化等。部分大学生没有很好地将不同的文化观念统一起来，而是人为地将其对立起来，这都是错误的。

（一）正确处理中国传统文化与现代文化的关系

现代文化是传统文化的延续，是为了适应时代潮流而对传统文化的继承、发展和创新。部分大学生在对待中国传统文化与现代文化的时候，没有清楚地认识到历史与现在、历史与未来的关系问题，将中国传统文化简单粗暴地划归到"历史糟粕"的行列中去，将中国传统文化与现代文化严重对立起来。其实，任何现代文化都是通过实践总结，从传统文化发展而来的，否则，现代文化也将成为无源之水、无根之木，缺乏适应性和生命力。因此对待中国传统文化，万万不可采取全面否定的态度，而是要坚持实事求是的原则，在社会实践中对其进行检验，具体问题具体分析，清除过时的内容，继承和发展有价值的东西。

（二）正确处理中国传统文化与外来文化的关系

随着全球化的深入，科学技术的不断进步，世界各国文化相互交流、渗透、融合的步伐不断加快。不管是哪一种文化，都有其优点和缺点，有其相通之处。因此，对待其他外来文化，我们不应该谈虎色变，而应该积极利用其先进思想理念，为我所用。中国传统文化在几千年的发展历史中，不断融合其他文化，使内容更加丰富，生命力更加旺盛。因此，在对待外来文化问题上，我们既要顺应时代潮流，积极地吸收借鉴外来文化的优秀思想和有益成果，又要保持清醒的民族意识，保持自己民族的特色，这才是中国传统文化发展的必由之路。

1. 取其所长并为我所用

面对外来文化的影响和冲击，我们不必惊慌失措。与其否定或是排斥，还不如进行有益的引导，使其沿着我们的方向发展，符合我们的利益。我们必须从我国的基本国情出发，对外来文化的取舍做出正确的判断，而不是犯教条主义的错误，盲目地进行照搬、照抄。对一切有利于加强我国社会主义文化建设、有利于提高广大人民群众精神文明素质的成果、经验和管理方式，我们都要积极地研究、吸收和借鉴。只有积极吸收外来文化中的一切优秀成果，坚决批判和抵制外来文化中腐朽落后的文化观念，将中国传统文化与外来文化融合起来，相互借鉴和吸收，才能更好地继承和发扬中国传统文化。

2. 保持中国传统文化的独立性

世界各国文化体系都面临多元文化的冲击，如何保持和发展本民族文化的主体地位，已经成为当今世界范围内各个国家和民族所关注的一件事情。我们在吸收、借鉴外来文化的时候，切不可放弃中国传统文化的主体地位，不然的话，中华民族所特有的传统、历史、思想、文化、行为习惯等，都会在外来文化的强势冲击和影响下，慢慢衰败，直至走向消亡。一个国家和民族一旦失去了自己的传统文化，那么，这个国家和民族的独立性也就随之消失了。因此，我们在对待外来文化这个问题上，一定要坚持中国传统文化的主体地位，努力提高中国传统文化的质量和竞争力，保持中国传统文化的独立性，增强中国传统文化自身发展的活力，使中国传统文化更好地为大学生德育教育服务，使其沿着健康的方向和道路走向未来。

第七章 新媒体视域下的大学生德育教育

第一节 新媒体视域下大学生德育创新的重要性

新媒体的飞速发展，使其成为影响高校德育的重要因素，给大学生德育带来挑战与机遇。德育创新是其应对新媒体环境挑战与机遇的必然选择，是新媒体视域下实现德育意识形态功能的必然要求，也是新媒体视域下促进大学生全面发展和实现德育现代化发展的自身需求。

一、德育创新是其应对新媒体环境挑战与机遇的必然选择

德育的创新总是与社会发展紧密相连，新媒体作为一种传播媒介，其快速发展影响了社会发展，更使大学生德育的环境发生了较大的改变。新媒体创设的虚拟与现实交叉并存、传播信息良莠不齐、价值观多元化的环境对大学生德育带来了挑战与机遇，德育创新是其应对新媒体环境挑战与机遇的必然选择。

（一）新媒体视域下大学生德育的挑战

新媒体传播因其与传统媒体的不同，对大学生德育带来了挑战，主要表现在以下几方面。

第一，传统德育的理念受到新媒体传播的冲击和挑战。其一，传统德育"一元主导"的理念受到新媒体多元文化环境的冲击。我国传统德育坚持马克思主义"一元主导"的理念，这在物理空间环境中较易做到，而在新媒体环境中则没有那么容易。身处网络中的大学生必然面对东方文化与西方文化、民族文化与外来文化的矛盾与冲突，甚至要接受西方强势文化与文化霸权的挑战，这对传统德育"一元主导"的理念造成冲击和挑战。其二，传统德育"教师主体"的理念受到新媒体的挑战。传统德育普遍坚持"教师主体"的观念，在网络时代到来之前，教师被公认是教育过程的主体，由于他们掌握的知识和技能比学生多，因而处于主体地位，而学生由于在知识与信息掌握上处于劣势，思想行为与社会要求存在一定差距，在教育活动中处于被动的地位。在信息时代，学生可以通过新媒体获得大量思想德育的信息，导致教师的信息优势被弱化，教师甚至有时处于信息劣势的境地。尤其是新媒体的互动性，更使教师的主体地位受到冲击，使师生处于平等交流的状态。

第二，传统德育过程的单向性受到新媒体互动性的冲击。传统德育主要是一种单向的灌输式教育，即由教育者对受教育者施教的单向过程，注重道德知识灌输与宣讲，较少关注学生的情感与心理，较少与学生进行平等沟通。德育的重点放在防范、纠正和惩罚学生的错误行为上，由于学生的主体性被漠视，需要和情感被忽视，造成学生对德育的一种抵触心理。新媒体提供了交互性的平台，使传统德育过程的单向性逐步被互动交流的德育方式代替。

第三，现行的道德约束手段与新媒体的隐匿性之间存在落差。传统德育往往注重阶段任务的完成，忽视了学生自身成长过程中不同时期的不同需要，忽略了德育的个性化。这种完成任务式的德育不能解决价值观多元的大学生的思想道德问题，学生的道德素养也难以通过现行的道德约束手段如批评教育、舆论监督等得到提高。大学生在新媒体传播环境中的活动具有匿名性，他们出于好奇、好玩等心理或受利益驱使，可能做一些不负责任、违反道德的事，而现行的道德约束手段很难对此发挥有效的作用。

第四，学校德育在学生成长环境中的主导地位受到冲击。长期以来，学校德育借助可控媒介的单向传输，形成较大的舆论优势和时空优势，在学生成长环境中居于主导地位。随着信息时代的到来，高校德育工作者有目的、有组织经营的德育环境与新媒体广泛复杂的环境交织在一起，新媒体巨大的信息资源拓宽了大学生的认知渠道，学生不再轻易地接受教育者的单向灌输，并质疑教师的权威性。在这种情况下，学校德育在学生成长中的主导地位受到冲击。

第五，新媒体对大学生思想道德带来挑战。新媒体对大学生思想道德产生了较大的影响，新媒体视域下大学生的思想意识、价值观念、伦理道德个性化、多元化、复杂化的特征十分明显，给德育发展带来空前的挑战。大多数大学生运用网络、手机等新媒体，新媒体使大学生价值观念多元化。由于新媒体是一个没有边际的世界，各种不同的价值观念汇集交织，西方价值观念对大学生产生较大的影响，造成大学生在思想上困惑和迷茫、在价值取向和价值判断上出现偏差。新媒体使大学生在伦理认知、伦理情感、道德意志、道德行为方面面临挑战。新媒体创设了一个困惑重重的伦理环境。伦理是一个社会的道德规范系统，赋予人们在动机或行为上的是非善恶判断之基准。伦理是一定社会经济基础和社会生活的反映，是在特定的人类交往活动中形成并随着生产、生活方式的变化而变化的。信息科技的发展使社会的发展与时空结构起了根本变化，新媒体使全球化加剧，各种文化冲突日益表面化和尖锐化，伦理的冲突与矛盾日趋显现。

新媒体环境中伦理相对主义的强化、无政府主义的泛滥、伦理基本矛盾的冲突易导致大学生伦理认知的冲突。伦理相对主义即"你想怎样就怎样"或"怎样都行"，互联网无中心的设计思想为伦理相对主义提供了技术基础，数据化和符号化的人际交往推进了伦理相对主义的实现；由于新媒体传播中言论控制相对较难，新媒体环境中的无政府主义、滥用自由而不承担义务和责任，给主流道德建设带来麻烦；新媒体成为当今世界不同社会意识形态和思想文化进行交锋和竞争的重要场所和渠道，为不同社会意识形态和思想文化形式扩展自己的空间和影响提供了便利，也为不同社会意识形态和思想文化的斗争提供了便利。由于不同国家和民族之间的价值观念、伦理道德标准的不同，会产生一些冲突。

新媒体环境中人际情感的缺损、人际交往的间接化易导致大学生伦理情感的疏远与隔阂。人际情感是需要人与人的社会交往来维持的，而对于在新媒体上的交流来说，人的言谈举止被转换成二进制的语言，与现实生活中人与人的直接交往相比，人与人之间的隔离增大了。新媒体空间的虚拟性、开放性、交互性，便于人们以平等的身份进行交往，使人与人之间的交往既直接又间接。直接指新媒体提供许多聊天或交谈渠道，人们可以借助网络进行同时性谈话。间接指大部分谈话是通过屏幕上的字母和语句来完成的，听不到对方声音和语气，看不到表情。因此，这易导致大学生伦理情感的疏远与隔阂，有时表现为人机关系和谐亲密，但人际关系淡漠。

新媒体使大学生的伦理决断力和道德意志面临挑战。由于新媒体信息过滤得不严格，有用的信息与无用的信息同时被生产，一人一机的信息接收方式使人可以建立自己的天地，使人在不自觉中患上"精神麻木症"，丧失有效的道德判断力。主流的伦理观念已淹没于散沙式的个人追求中，自觉的道德追求已隐匿于信息的随意接受之中。个体伦理无法使个人的行为保持全方位的确当性，公共伦理无法使社会维持相互协调的人心秩序。信息时代大学生的伦理决断力面临考验，新媒体环境中信息伦理是多元化的，使大学生的伦理决断力和道德意志面临挑战。

新媒体环境中大学生的道德行为存在一些问题。建立在现实社会中的道德规范由于不适应新媒体运行的新环境，形同虚设，而一时又没有形成新的道德规范，使得一些新媒体传播中的行为既不受旧规范的制约，又无新法可依。

第六，新媒体对德育队伍的现代化素质提出了更高需求。然而面对新媒体的传播环境和变化着的教育对象，德育队伍表现出很多不适应，突出表现为知识储备的不足和知识结构的单一、新媒体知识和运用技能的缺乏、运用新媒体进行德育的主动意识不强等。因此，加强德育队伍建设，造就一支高素质的德育工作队伍，是信息时代德育发展面临的一项严峻挑战。

第七，新媒体对我国传统伦理道德带来挑战。一是新媒体给传统伦理所依存的生活世界带来改变。中国传统社会是以小农经济为基础、以宗法血缘关系为纽带、家国一体的社会。网络交往是一种陌生人群中的交往，社会交往模式由"人—人"为主变成了"人—媒介—人"为主。新媒体正在解构我们所熟知的传统的日常生活世界，对"私德主导、公德不彰"的传统伦理造成了严峻挑战。二是新媒体对传统伦理价值的解构。新媒体所蕴含的信息网络技术的兴起，促使社会财富和权力、地位流向代表现代科技发展方向的群体和个人，打破了传统社会等级差序结构和封闭的组织方式以及相应的"门第观念"等制度与观念。三是新媒体促进伦理相对主义和伦理多元化的强化，对中国传统伦理造成冲击。在中国道德文化历史发展中，儒家道德一直处于主导地位，中国传统伦理可以说是在长期封闭状态下的一元化的道德文化。新媒体由于其去中心化的传播特点、全球性的广泛参与，使伦理相对主义和伦理多元化强化，使中国传统道德面临与开放的多元道德文化并存的挑战。

第八，新媒体对我国现有的媒体管理带来挑战。新媒体是一个高度自治的空间，在新媒体环境中只有协议，如 HTTP 协议、TCP/IP 协议等，没有管理"中枢"机构，各种虚拟社群、虚拟社区都是基于参与者相同或相近的兴趣、爱好以及互补的利益需求而自发形成的。新媒体环境依靠协议管理和运作着各自的非正式组织。而且，新媒体一方面扩大了受众接受信息的主动权和受众的信息发布能力，另一方面，新媒体的开放性、隐蔽性、匿名性等特点，使得管理者对新媒体环境中的流动信息很难控制。现实生活中的社会舆论的他律作用在新媒体中不复存在或大大减弱，我国现有的网络管理文件、手机管理文件与新媒体技术的飞速发展相比明显落后。

（二）新媒体视域下大学生德育的机遇

新媒体在对大学生德育带来挑战的同时，也因其互动性、开放性等特点为大学生德育创新带来很好的机遇，主要体现为以下几点。

第一，新媒体为德育提供了新的载体。载体是德育系统不可缺少的重要组成部分。德育载体是指承载、传导德育因素，能为德育主体所运用且主客体可借此相互作用的一种德育活动形式。在新媒体中，德育信息承载具有如下优势：一是新媒体技术使教育内容从平面化走向立体化、由静态变为动态、从现实时空趋向超时空；二是新媒体的超大信息量丰富了教育内容，增强了教育内容的可选择性；三是较高的文化与科技含量将教育信息的政治性本质隐含在历史文化知识和现代科技信息之中。通过新媒体这一载体进行德育，可以扩大教育的覆盖面和影响力，使大学生通过新媒体获得广泛社会信息的同时，接受德育信息，受到德育的影响，从而提高道德素质。而且这种教育形式对其他载体的德育影响构成一种补充和相互作用，形成全方位的德育态势，因而增强德育的影响力和有效性。

第二，新媒体为德育知识和价值传播创造了有利条件。从传播学角度看，德育是阶级社会的一种特定的社会信息传播现象和活动,是以道德观念、道德规范为核心的德育信息的传播行为和过程。在此过程中,教育者向受教育者传递信息,是开展德育的起点。较之过去的德育信息传播,新媒体信息传播具有明显的优势,这对德育知识和价值传播非常有利。其表现为:吸引力更大,新媒体将文本、图画、声音等信息集为一体,能调动学生获取信息的主动性、参与性;感染力更强,新媒体的立体动画及仿真画面对人的影响力大大增强;更快捷方便,学生可在任何一个终端,随时高效获取知识和信息;更加开放,新媒体为大学生提供了更大范围的学习和社会实践环境,促使他们在社会化过程中趋于成熟。

第三,新媒体可以促进德育的互动及主体性的发挥。在德育中,教育者和受教育者的行为和活动需要互动,这种互动表现在信息传递、接受和反馈的过程中。以往的德育采用较多的是单向灌输的方法,忽视受教育者的需求和接受能力,抑制了受教育者的主动性和创造性,使受教育者处于从属地位。新媒体为人们提供了一个开放的平台,使大学生主体意识迅速觉醒并不断增强。在新媒体传播中,交往对象的社会角色通常是虚拟的,交往对象没有心理负担,使交往者保持相对平等的心态,有利于宽松的人际关系的建立。角色还是可以互换的,在浏览网页选择和吸收德育信息时,参与者是以受教育者的身份出现的,而在参与信息的制作、发布等活动,将自己的思想传播出去时,参与者又成为教育者。在新媒体互动平台上,德育者与受教育者的关系更具有融洽性,双方都能较好地发挥其主体性。因此,从传播学角度看,新媒体德育信息传播的主体不仅是教育者,还是受教育者,教育者与受教育者的关系是两个主体相互依存、相互制约的互动过程。

第四,新媒体有利于增强德育效果。检验德育是否有效以及效果的大小,其主要依据是德育的目的和意图的实现程度。教育者把社会要求的道德观念和规范作用于受教者的知觉和记忆系统,引起其信息量的增加和信息内容构成的变化,即受教育者对德育的认知;作用于受教育者的观念和价值体系而引起情绪和情感的变化,即社会主导价值的内化与维护;这些变化通过受教育者的言行表现出来,即行为习惯的养成。这三个层面中,第一、二层面叫"内化",第三层面叫"外化"。三个层面体现了效果形成的不同阶段,从认知到态度再到行动是一个效果积累、深化和扩大的过程,要取得德育的最佳效果,内化是关键。从新媒体的传播特征来看,新媒体为促进大学生内化提供了新的契机。新媒体空间中丰富的共享信息,为开展德育提供了充足的资源;新媒体信息传输的快捷性和交往的隐匿性,利于迅速了解学生的思想情绪和所关心的问题,增强教育的针对性;新媒体主体的平等性和交往的互动性,有助于受教育者主动参与对话交流,有利于把教育转化为受教育者的自我教育,提高教育的实效性。

第五,新媒体有利于形成德育的合力。教育学领域中的教育合力,是指学校、家庭、社会三种教育力量相互联系、相互协调、相互沟通统一，形成以学校教育为主体、以家庭教育为基础、以社会教育为依托的共同育人的力量，使学校、家庭、社会教育一体化，以提高教育活动的实效。学校教育的合力，是指来自学校内部各方面的教育达到高度一致，从而达到最佳教育效果。大学生德育合力就是指大学生德育系统内各构成要素及其与环境系统相互作用，在运行过程中所产生的综合力。新媒体的超时空性，通过德育网站、博客、QQ群等形式，可以使学校、家庭、社会都参与到学生的教育中，突破了过去教育中存在的时间和空间的障碍。在学校德育中，由于新媒体的广泛参与性，广大专职教师、管理干部都可以通过博客、QQ、网站留言等方式与学生互动交流，扩大了德育的参与面，同时由于新媒体参与者的匿名性和平等性、互动性，可以充分发挥学生自我教育的积极性和主动性。因此，在德育中运用新媒体，有利于形成学校、家庭、社会、学生四位一体的教育体系，易于形成教育合力。

第六，新媒体对大学生思想道德产生一定积极影响。新媒体有利于大学生新的价值理念的形成。共享、平等、效率、开放是新媒体所蕴含的价值理念。新媒体的虚实两重性、平等交互性、大众化等特点容易使新媒体上的交往打破社会等级的观念，有助于学生平等意识、共享意识的形成。新媒体运行的快捷性、简便性，有利于培养大学生的效率观念。新媒体的兼容性，有利于学生开阔思想，增强了学生的开放意识、全球化意识和多元化意识。

新媒体有助于培养大学生的创新性思维方式。传统教育受多种因素的影响，大学生个体创新性思维方式的发展受到限制，新媒体拓展了大学生的思维空间，使学生可以接触到世界上先进的思想理论、科学技术，为培养他们的超前思维和创新思维提供了条件。

新媒体的自主参与性、高度自治性，使新媒体空间的道德主要依靠参与者的自律，有利于培养学生的道德自律；新媒体信息的繁杂、价值观的多元化，为学生创造了道德认知、道德判断的环境，有利于培养和提升学生的道德判断能力；新媒体空间秩序的维护主要依靠一些管理规定和自律协议，学生在新媒体空间的道德行为是一种基于个人道德认知、道德判断的自主选择，因此，新媒体空间的优良道德行为有助于学生的现实道德行为和品质的养成。

第七，新媒体传播促进了我国公民社会的发育，为我国传统道德实现适应社会发展的现代转型创造了条件。中国传统伦理有着优良的传统，是中国传统文化的重要组成部分，尤其是宣扬仁、义、礼、智、信的儒家伦理，为中国人的道德修养提供了价值标准，影响了中华民族几千年的发展。但是随着时代和社会的发展，中国传统伦理也存在适应社会发展的现代转型问题。新媒体传播促进了中国公民社会的形成，孕育了开放、民主等现代伦理精神。从伦理学的角度分析，公民社会是公民作为社会主体的社会，新媒体传播使广大民众积极参与到公共事务中，公民社会趋向与公民伦理诉求成了当代中国的基本社会存在境况。新媒体把中国公民社会的发育置于全球化的背景中，决定了中国传统伦理向现代公民伦理演进的方向。新媒体使受众具有全球化的特征，中国全球化的际遇为中国公民社会精神气质与公民意识的生成提供了可资借鉴与汲取的精神文化资源。

二、德育创新是实现德育形态功能的必然需求

关于意识形态的内涵，作为经济形态相对应的重要范畴，指反映特定经济形态从而也反映特定阶级或社会集团的利益和要求的观念体系。在现代西方，意识形态被定义为一种由特定社会集团使用来解释世界的概念框架，是一种"世俗的宗教"。总之，"意识形态"一词都有反映或体现特定社会集团利益的含义，是一种与"科学意识"不同的东西。

道德是在一定社会经济基础之上产生的一种社会意识形态，反映着社会和人类发展的要求，反映着特定阶级的利益。道德作为社会意识，要发挥作用就必须有特定的实际附属物，必须借助于社会舆论、宣传教育以及相应的实施机构等，并将它们包容于自身之中，成为社会上层建筑的一部分。德育是道德发挥意识形态功能的重要形式，在阶级社会里，德育无法保持中立的立场，道德的价值与原则具有意识形态性，德育旨在把占主导地位的阶级所提倡的道德准则和要求内化为广大民众的自我道德要求，承载着传播主流意识形态的职能。因此，德育最根本的一项功能即是其意识形态功能，或者说，导向功能、保证功能、育人功能、开发功能都是其发挥意识形态功能的不同表现方式。

社会认同度是影响意识形态地位的重要因素，占主导地位的意识形态必须是社会认同度和社会普适性高、在社会意识中起支配作用的意识形态。由于新媒体传播的全球性、开放性、交互性、个性化、反权威性以及多元化等特征，它颠覆了传统传播时代的信息流动方式，削弱了国家对信息生产和传播的控制能力。随着新媒体在我国生活的普及，主流意识形态受到了来自新媒体传播的强烈冲击。新媒体将全世界各个国家联系起来，不同的文化形态、思想观念在新媒体空间交融或冲突。

因此，创新新媒体视域下的大学生德育，坚持德育主导性，运用红色网站、德育网站、德育博客等形式，加大新媒体环境中对以马克思主义为指导的社会主义意识形态的宣传和灌输，加大对社会主义核心价值体系的宣传和灌输，将社会主义意识形态所体现的内涵和价值诉求转化为大学生的自觉追求，才能使社会主义意识形态得以弘扬，从而巩固并提升社会主义意识形态的认同度。

三、德育创新是新媒体视域下促进大学生全面发展的必然选择

"每个人自由而全面地发展"是未来社会的基本特征之一,也是我们奋斗的目标,新媒体为大学生的全面自由发展创造了有利条件。

(一)人的全面发展理论

全面发展是人的本质的对象化,全面发展的主体是社会的所有成员,全面发展最终将成为人的根本权利。由于人的本质具有多方面的规定性,人的全面发展表现出多方面的规定性,即作为类存在物时,人的劳动活动的全面发展;作为社会存在物时,人的社会关系的全面发展;作为完整的个体的人时,人的个性和潜能的全面发展。这些规定的具体的含义如下:其一,人的劳动活动的全面发展表现为活动的内容和形式充分达到丰富性;其二,社会关系的丰富发展意味着个人与广义上的他人发生相互关系,表现为个人关系的普遍性的发展和个人关系的全面性的发展,个人与他人之间形成各方面、各领域、各层次的社会联系,人们的经济、政治、法律、伦理、文化等关系变得丰富、开放、全面,并且得以协调和谐发展;其三,人的个性的发展是指个人生命有机体的各构成要素的均衡协调发展,以及认知、情感、意志等心理因素的发展和完善。人的个性的发展首先是人的需要的全面发展,人的需要除了物质需要外,还包括社会关系、精神生活的需要,以及自我实现和发展、超越自由的需要等。人的个性的发展其次是人的能力的全面发展,即发展自己的体力和智力、自然能力和社会能力等,并在实践活动中发挥他的全部才能和能量。人的个性发展还包括主体性水平的全面提高以及个人独特性的增加和丰富,主体性主要表现为能动性、创造性与自主性,人的主体性的全面发展不但指其特殊属性的充分发挥,而且指人成为自然界、社会和自我发展的主体。以上三个方面的规定性是依次递进的关系,作为完整个体人的个性自由发展是人的全面发展的重要内容和根本标志。

(二)新媒体的发展为大学生全面发展带来了机遇与挑战

新媒体的发展为大学生全面发展既带来了机遇,也提出了挑战。首先,新媒体为大学生全面发展创造了有利条件。其一,新媒体为大学生全面发展提供了一定的物质条件。人的全面发展以社会生产力的高度发展为前提,新媒体的诞生是社会生产力高度发展的成果。在新媒体环境中,大学生摆脱了过去由于生产力落后所带来的时间和空间的束缚,新媒体环境扩大了人的活动范围,催生了新的生产方式、生活方式,为人的全面发展奠定了基础。其二,新媒体为大学生全面发展提供了文化条件。新媒体促进了社会文化的发展繁荣,新媒体环境具有的一系列特征催生了新的思想方式、行为方式,形成了充满时代特色的新媒

体文化，必将推动我国先进文化的建设，包括道德水准的提高和科学教育的发展。全面发展的人首先应具有高尚的道德情操，能够正确地认识和处理个人与他人、个人与社会之间的关系，具有正确的世界观、人生观和价值观，新媒体环境有利于大学生解放思想、更新观念、提高素质。其三，新媒体为大学生社会关系的丰富发展创造了条件。新媒体的发展使个人可以与世界上任何地方的任何人发生虚拟或真实的关系，使个人从狭小的空间走向世界的舞台，促进了人的个性自由发展。新媒体的虚拟性、自主性、开放性、互动性、自治性，使大学生可以在新媒体中展示更加真实的自我，一定程度上满足了学生的社会关系、精神生活的需要，以及自我实现和发展、超越自由的需要，为学生能力的发展、主体性水平的提高创造了条件。

其次，新媒体对大学生全面发展带来了挑战。新媒体的虚拟性、超时空性，有时使大学生与他人的关系陷入虚拟的误区，造成人机关系、人与人之间虚拟关系的广泛而现实空间的封闭，从而影响学生的全面发展。新媒体的发展使大学生人与人交往的模式很多时候变成了"人—机—人"的交往模式，人与人的交往通过数字化的符号，减少了人与人交往的感情色彩，有时不利于人们之间全方位关系的形成；新媒体空间内信息的繁杂性，对大学生的思想观念、价值观的形成带来挑战。新媒体传播的开放性、全球性，造成信息监管难度大，使得新媒体空间内的信息较为繁杂，中西方文化相互碰撞，价值观多元化，主流价值观受到冲击，这对于大学生思想观念、价值观的形成带来冲击。

（三）新媒体视域下的德育创新是大学生全面发展的需要

人的全面发展是新媒体视域下大学生德育的现实出发点和最终归宿。运用新媒体进行大学生德育的核心是做人的工作，通过调动和发掘学生的主动性、积极性和创造性来实现学生自身和社会的全面发展。它通过开阔学生的眼界、活跃学生的思想、增强学生的交流来充分调动和发挥学生的积极性、主动性和创造性，为学生和社会的发展创造物质和精神条件。促进学生的全面发展，是新媒体视域下大学生德育的出发点和终极归宿。

基于人的全面发展决定了新媒体视域下德育的着眼点和侧重点。新媒体视域下的大学生德育应从满足学生的需要着手。因为需要是学生从事各种行动的动机的基础，德育工作者应研究学生的需要类型，并在新媒体视域下创设各种条件去满足学生正常的需要，如安全需要、人际交往需要和尊重的需要等。由于新媒体环境的开放性、平等性、互动性、虚拟性等特点，新媒体环境中人与人之间的关系被极大地丰富和发展了，这种交往关系的全面和普遍是新媒体的最大特色，也是应着重注意的方面，大学生在新媒体中的广泛交流可能会造成学生自我的迷失。新媒体视域下大学生德育应侧重学生健康人际关系的建立，从而促进学生健康发展。

基于人的全面发展决定了新媒体德育必然要与现实德育相结合。人的全面发展是指人性中的各种属性都得到全面发展，不是其中一种属性得到发展。人性中不仅有现实性，也具有虚拟性。我们在实践中的误区是往往将新媒体德育与现实德育分离，忽视了二者的融合与配合。只有从人的全面发展出发，在虚拟和现实之间保持合理的平衡，做好新媒体德育与现实德育的结合，才能促进学生全面发展。

第二节 新媒体视域下大学生德育指导理念的创新

新媒体对大学生德育产生了巨大的影响，新时期必须根据新媒体带来的变化，结合新媒体的传播特点和规律创新大学生德育，而德育指导理念的创新是创新德育的根本，创新新媒体视域下的大学生德育，必须首先创新其指导理念。新媒体视域下的德育创新应坚持以下指导理念：整体育人理念，一元主导与包容多样的理念，德育价值取向与社会道德整体发展趋向相一致的理念，德育内容、方式、方法、途径与新媒体传播规律相一致的理念。

一、树立整体育人理念

整体育人指把德育看成一个完整的整体，从德育的主体、客体、介体到德育的现实环境和虚拟环境，看成一个完整的整体。这样新媒体视域下的整体育人包含两方面的含义，一方面指虚拟空间与现实空间德育的有机结合，另一方面指学校、家庭、社会教育与虚拟空间德育的结合，这两方面的含义共同构成了新媒体视域下整体育人理念的完整内涵。

（一）实现虚拟空间与现实空间德育的有机结合

今天，新媒体给人们带来的最本质的冲击是传统意义上的物理空间概念发生了革命性的变革，虚拟空间横空出世。传统的、直观的实在物理空间与虚拟空间相比存在许多本质的区别。实在物理空间可以三维度量，在物理世界里开展德育工作，必须符合事物的客观性、实在性原则。教育者、教育对象、教育环境和教育媒介都是实在的。教育者在实在空间里把握教育对象的思想的针对性和准确性一般是较高的，教育效果也较理想。

新媒体给人们带来的虚拟空间具有全然不同于物理实在空间的诸多特征。科学家们试图通过人工技术操作使虚拟空间更加类似于物理实在空间，以便在虚拟世界中可以不折不扣地解决以往必须在实在空间才能解决的问题，也包括我们关注的德育问题。但是人们办不到。一方面现在的新媒体技术还达不到如此先进的程度，更主要的是我们在价值判断上难以取得共识。虽然我们感觉到虚拟和实在之间存在着共通性，而且这种共通性日趋成熟和稳定，但我们不得不承认，虚拟空间代替不了物理实在空间，物理实在空间也代替不了虚拟空间。物理空间具有实在性、唯一性，某个事物只能在某个特定的时空出现，不可能有第二个空间让其展示同一发展过程。虚拟空间不是唯一的，而是多重的，同一场景可以被模拟到不同的虚拟世界里。即使某一虚拟空间全部地模仿了某个物理空间，人们在进入其间的那一瞬还是不得不做出判定，虚拟空间应当模仿人类主观感觉的那个世界还是模仿客观存在的自然科学所认定的那个世界。

鉴于虚拟空间和物理实在空间之间存在的差异，我们认为，不管两者有多大的包容性，虚拟空间代替不了实在空间，实在空间的德育工作并不是都可以在网上得到解决的。道德问题一般是复杂和多元化的，单凭肤浅的交流往往看不出、看不准问题症结所在。我们又如何保证新媒体虚拟空间的思想交流具备针对性和指向性呢？再者道德问题的真相和假象往往很难区分，有时连受教育者自己也分不清到底自己的问题出在哪里。这种情况下开展虚拟空间的德育依然不能保证教育者能准确、及时找到问题真相。而且，虚拟空间模拟不出人类的全部情感，网络和计算机有时缺乏人文关怀。

我们一方面认识到虚拟代替不了实在，实在空间的德育任务很难全部放到虚拟空间完成；另一方面，我们又看到虚拟以其强大的优势弥补着实在做不到的漏洞。因为虚拟空间同样具备着"教育者—交流沟通—受教育者—信息反馈—教育者"这一德育基本环节，那么在新媒体虚拟空间中开展德育一定会收到实效。而且如果能够把实在空间的德育与虚拟空间的德育有机结合，一定会收到单一的实在空间德育与单一的虚拟空间德育所不能达到的最优效果。新媒体虚拟空间与现实空间德育的结合可以体现在目标、内容、方法、手段、效果的结合等各个方面。

（二）实现学校、家庭、社会教育与虚拟空间德育的结合

近年来，关于德育合力、思想教育合力的问题引起人们的广泛关注。发挥好德育的合力，一方面可以产生比单一学校德育更强大的力量，另一方面可以产生类似于几何效应的一种新的力量。而面对新媒体环境，实现从单一学校教育向学校、家庭、社会教育与新媒体虚拟空间教育结合的方向转变就显得尤为重要。

随着新媒体突飞猛进地发展，"德育出现了社会化、本真化、深邃化、立体化的发展趋势。"从空间上看，德育已经完全超出了学校范围；从时间上看，德育也已经完全超出了学校教育的阶段。跨越了时间和空间的特质所界定的德育成为一个终身的、全员的认知

理性和实践理性；从主体上看，主体间关系已经完全超出了国家的范围，在全球各民族的各种思想文化的交融和碰撞中共生与融合。

　　传统德育体制的封闭性与以新媒体为标志的信息社会的开放性形成了强烈反差。新媒体的开放性必然与封闭式的传统德育模式产生矛盾与冲突，教育不是一个孤岛，它不仅与学校其他各方面的教育密切相关，而且与整个社会紧密相连。但是长期以来，我国学校德育与社会德育形成了相对独立的封闭性体系，因此在面对新媒体的开放性时，传统德育体制就存在一定差距。在新媒体视域下，要把单纯的学校德育扩展到家庭、社区、社会乃至新媒体自身，让社会来共同承担德育任务与责任，要健全学校、社会、家庭的网络化的评估体系，尽量减少德育与新媒体的结构性落差，减少信息开放与德育封闭的冲突。客观上，新媒体对学校、家庭、社会、学生的影响是巨大的，新媒体全方位地改变了人类的生存方式。我国当前一些大学生的离经叛道、放纵等行为，与信息社会初始时期的无序状态不无关系，与传统德育的功能失效也不无关系。德育体制应与时俱进，如果不与时俱进，自身的生存和发展也将成为问题。因此，在新媒体视域下，德育应实现从单一学校教育向学校、家庭、社会教育与新媒体虚拟空间教育结合的方向转变。

二、树立一元主导与包容多样的理念

　　进入 21 世纪，德育面临着市场体制和全球化的推进等变化，新媒体的迅猛发展更使文化多元化、社会信息化、社会多样化和个体特色发展等日益明显。在这些新背景下，德育要正确处理新媒体视域下的多元文化激荡、社会多样化发展、学生个性化发展与社会主义核心价值体系主导之间，多元道德冲突与中国传统道德的继承、对西方道德观念的借鉴与扬弃之间的多方面的辩证关系，就必须坚持德育一元主导与包容多样的理念，既坚持以社会主义核心价值体系为主导，又继承中国传统道德的优秀传统，同时借鉴和吸取西方道德文化的积极因素。坚持一元主导前提下包容多样的指导理念，是当今新媒体时代背景下德育的必然选择。

（一）坚持以社会主义核心价值体系为主导

　　全球化和信息化是推进当代社会发展的主要潮流，新媒体的发展促进了信息化和全球化的进程，新媒体中多元文化、多元价值观相互激荡，西方意识形态对我国主流意识形态的渗透与冲击不容忽视，而新媒体中个体自由、无监督状态下的选择，更使得个体易于接受多元的价值观，也使得道德选择处于迷茫和混乱状态。因此必须加强社会主义核心价值体系在新媒体环境中的主导。

在新媒体传播环境中，东西方文化思潮的交会、碰撞更为直接，新媒体传播环境是一个多元文化交织的、多种思想碰撞的相对复杂的文化环境。新媒体由于传者与受者的广泛性与主动性，在价值导向上传统媒体有效的调控手段，如封锁信息源、控制传播渠道、筛选信息流等手段很难实现。因此用社会主义核心价值体系主导新媒体文化是优化新媒体传播环境的需要，更是新媒体视域下创新德育的现实需要。

（二）继承并弘扬中国优秀的传统伦理道德及其德育价值

新媒体环境使中国传统道德面临挑战和冲击。新媒体形成了跨越时空的网络交往，对"私德主导、公德不彰"的中国传统伦理造成了严峻挑战。中国传统伦理道德是建立在"熟人社会"基础上的"熟人伦理"，由于传统社会交往面窄，交往对象大都是熟识的人，传统道德得到较好的维护。而新媒体环境是一个基本由陌生人组成的社会，传统伦理道德面对新媒体构成的陌生人交往表现出滞后性和不适应性。新媒体改变了传统的社会资源的分布格局，社会财富和权力、地位流向代表现代科技发展方向的群体和个人，打破了传统社会等级差序结构和封闭的组织方式以及相应的门第观念等制度与观念。新媒体带来的开放、平等的网络文化精神不断冲击着传统伦理文化中的保守性的精神理念与气质。新媒体由于其去中心化的传播特点、全球性的广泛参与，使伦理相对主义和伦理多元化强化，使中国传统道德面临开放的多元道德文化并存的挑战。

继承中国传统优秀的伦理道德及其德育价值。新媒体传播推进了经济全球化和文化多元化的进程，同时也促进了中国传统伦理道德中的优秀成分逐步得到世界性的认同。如何正确认识和把握中国传统道德，继承中国传统优秀的伦理道德是一个必须认真面对和解决的课题。从人类德育活动的历史来看，德育主要有三种类型：一是继承与发展，就是在保持本民族道德体系的历史完整性基础上发展、创新德育；二是移植与复制，以外来道德体系代替本民族道德体系；三是解构与重建，彻底告别本民族的道德传统，在新型价值观念指导下建构新型道德体系和道德价值观念。从后果来看，第一种德育的优势在于保持了道德传统和已有的道德成就，缺陷是局限于民族自豪感而拒绝外来先进价值观念；第二种德育的优点在于吸收其他国家和民族的优秀道德成果，缺陷在于可能造成本民族道德传统的遗失；第三种德育方式的优势在于能够彻底清除既有道德的不良影响，缺陷在于这种方式有可能因为拒绝人类道德成就而陷入道德迷茫之中，脱离公众的道德实际和要求。科学的德育方式应该是在继承本民族的道德传统的基础上，吸收优秀的外来道德价值，不仅保持本民族道德体系的完整性、继承性，而且赋予道德价值观念开放性和时代性。根据时代发展的特点和新媒体传播特点与规律，促进我国道德文化和德育在新媒体视域下的创新和发展，以适应我国社会发展的需要。

中国传统道德是新媒体视域下德育的精神家园，是不可撼动的"根"。通过对中国传统道德文化进行梳理、分析和扬弃，实现对中国传统道德文化的继承和创新。就主流而言，中国传统道德是以儒家思想为核心、以道家思想和佛家思想为补充的三位一体的体系。这个体系随着社会的发展一直处于变化之中。经过认真梳理，学界挖掘出了支撑中华民族近两千年的道德价值，并把其作为推进当前道德发展的思想基础。中国传统道德的核心价值规范包括仁、义、礼、智、信等方面。中国传统文化的道德精神的重心不在于个人，而是把个人的道德修养当作个人参与社会活动、推动社会发展与进步的途径，道德修养从修身开始，直至于"齐家、治国、平天下"，这是中国传统道德目的论的总纲领。中国传统道德的重要内容就是关注个人在各种道德关系中如何做出道德选择，在各种道德冲突中坚持操守、施行仁义。正是在反复不断的道德价值冲突和人的道德选择过程中，形成了中华民族独特的伦理风格和道德精神，以理导欲而欲不可纵、公私分明、公而忘私，"礼、义、廉、耻"德之四维，知行合一，荣辱在己，直至于"修身、齐家、治国、平天下"。这些都是宝贵的道德资源，当代中国的道德进步只能建立在对传统道德精神的继承和创新基础之上。当然，中国传统道德文化中也有需要在现代化的进程中予以改进的地方。

中国传统德育在新媒体视域下的继承与创新主要应从以下几个方面着手。

首先，传统道德是新媒体视域下德育创新的根基。道德价值观念的先进性和发展性是道德发展的重要标志，每一个时代的道德观念都可以通过反思、批判前人的道德观念进行创新和重构，形成新的道德观念和价值标准，推动道德进步。新媒体创造了与以往传统不同的虚拟与现实共存的环境，其虚拟、开放的环境受到西方价值观念的强烈影响，也表现出西方道德与新媒体环境相契合的一些特点。但无论是从理论逻辑还是历史经验教训来看，德育都不能建立在抛弃民族传统的基础之上，放弃几千年的道德传统转而投入西方的怀抱，或者是毁灭传统将道德前途交付给脱离实际而不可预测的价值体系，后果都将是可怕的。今天中国的德育只有以中国传统道德作为发展的起点，得到中华民族文化的孕育和支撑，才有可能为新媒体视域下社会主义价值体系的构建提供可靠的基础。

其次，传统道德是新媒体视域下实现德育高端目标的必要条件。德育以一定的道德目标为落脚点，而道德目标则是由一系列不同层次的目标系列所构成的，从低级阶段的日常生活中的基本生活规范，到高级阶段的理想、信念等人生的追求，都是进行不同层次的德育所要关注的目标。在新媒体视域下，这些道德目标仍然需要或者说必须更好地坚持。德育的高端目标是指以远大的人生理想、爱国主义、民族精神、为人民服务为内容的个体道德品质的培养目标。从德育资源来看，中国传统道德价值体系中所注重的就是"君子正其谊不谋其利，明其道不计其功"，大公无私，今天我们的德育目标不可能将每一个人定位于"君子"模式，但中国社会的发展确实需要引导人们为国家的民族前途而放弃个人利益，为人民服务而奋斗一生；从民族精神、爱国主义道德的特殊性来看，这些道德目标都具有非常鲜明的民族和国家的特征，而对于自己祖国的情感、对于本民族的追随必须建立在对以往传统道德的继承上。在新媒体视域下，这些道德目标更需要很好地坚持。

最后，本土道德价值是新媒体视域下民族文化认同的核心。新媒体视域下，各民族文化相互激荡，在此背景下进行德育必须处理好两对关系。一是继承传统道德与道德创新的关系，二是重视本土道德价值与吸收外来道德观念的关系，应该在继承传统美德的基础上创新道德，推动道德价值的现代化。新媒体的发展推动了中国现代化的进程，中国的现代化不仅体现为生产方式的现代化，更体现为思想观念的现代化，公平、平等、自由、对个人权利的尊重等都是现代化社会不可缺少的价值观念。但是，由于中国传统道德的历史性和时代局限性，它是不可能为我们提供现成的解决道德问题的方案的，我们只能不断进行道德观念的创新，追寻适合新媒体环境的、能够推进中国现代化进程的、更具合理性的道德价值观念，并通过德育的途径向公众传播，从而解决各种道德问题。我们坚持本土道德价值，学习先进的道德价值观念和德育的思想和方法，可以促进中国传统道德和德育的创新，还可以将中国传统道德通过新媒体等渠道向全人类传播，使中华民族的优秀道德成果走向世界。

三、树立德育价值取向与社会道德整体发展趋向相一致的理念

德育是道德活动的一种重要形式。它是培育理想人格、造就人们内在道德品质、调节社会行为、形成良好社会舆论和社会风气的重要手段。"一种道德，最终能否被社会所接受，关键固然在于它能否反映社会道德关系的本质、是否符合社会发展的必然性，但是，这种道德究竟能够在何种范围和程度上为人们所接受，却取决于它的传播程度，取决于德育实施的好坏。"德育不是一种无需外部条件的抽象的、孤立的活动，社会的政治、经济制度对于德育的性质和具体内容有着直接的决定作用，社会道德的整体发展趋向决定了德育的价值取向。新媒体传播促进了我国社会伦理向现代公民社会伦理的演进，新媒体视域下的德育创新应坚持德育价值取向与社会道德整体发展趋向相一致的理念，顺应新媒体视域下我国社会伦理向现代公民社会伦理演进的趋势，注重大学生的公民伦理德育。

（一）社会道德的整体发展趋向决定了德育的价值取向

"现代化"是最深刻揭示近百年来中西方社会发展脉络和世界秩序变动的语境，以新

媒体为代表的信息化推动了中国现代化的发展。现代化是一个巨大的社会变迁过程，它通常由物质层面的变革始发，进而引发制度与文化全方位的变革。精神层面的变革是现代化中最深层、最内蕴的变革。现代化与现代性不能仅从社会的政治—经济结构来规定和把握，也必须通过人的体验结构来把握和规定。以德性价值为核心的人的精神气质的现代化是社会现代化的必然趋向，又是全面实现社会现代化之依归。现代化促成传统伦理精神的变迁和伦理范型的转换，同时也呼唤和铸造与社会现代化互动的时代精神气质与人格范式。现代化及其所创造的现代性价值，集中体现在它对社会价值范式与权重的根本性转变上。

伦理道德作为社会结构中的观念形态，随着社会物质与制度层面的改变而变迁，这种变迁有自发的演进与自为的推动两种形态。自发的演进指伦理价值生态因其存在的物质基础的改变而变革，其间有不依人的意志的发展趋向；自为的推进则是社会主体力量根据变迁的社会生活与利益关系，有意识地推进伦理道德价值与规范，构建新伦理精神与塑造道德人格范式。现代化中的伦理变动是自发、自觉的两种力量相互交织、相互作用的过程与结果，是实然与应然的统一。中国现代化进程是在以新媒体为代表的信息化推动的全球化的环境下展开的，这种境遇颠覆性地改变了传统社会结构与人的生存方式，使长期处于孤立封闭、自生自长的文化空间结构之中的中国传统伦理文化及其价值范式面临生存境遇的置换，必将产生与时代境遇的深刻矛盾并面临较大的变迁。尽管精神文化历史惰性的特质依然存在，但中国现代化进程中新的社会境遇和人的生存方式促进了传统人伦秩序的改变和新伦理范式的形成。从社会主体道德构建的自觉行为考察，现代化中精神文化的促动因素包含社会主体的自觉行为。社会精神文化难以自发完成自身的历史转型而获具现代性气质，它作为人们生存方式的精神价值凝结，自始至终受到社会主体的自觉意志的规划、导控与指引。代表社会意志的主体通过道德文化建设和德育来导引精神文化与规范社会生活的人伦秩序，现代化中的精神气质的转变是实然与应然的统一。社会变迁经历由器物到制度发展，进而引发思想观念、精神文化的全面转型过程，社会主体的自觉构建与教育（德育是社会主体自觉的体现）则使得这种突然变迁朝向体现社会主体意志的应然发展方向。因此，社会道德的整体发展趋向决定了德育的价值取向，德育的价值取向应与社会道德的整体发展趋向相一致，只有这样才能发挥德育的社会主体自觉作用，才能使社会道德变迁朝向体现社会主体意志的应然发展方向。

（二）新媒体传播促进了我国公民社会的发展

新媒体通过对公共领域的建构，促进了中国公民社会的形成，孕育了现代开放的价值理念与精神气质。新媒体传播促进了中国公民社会的形成，孕育了开放、民主等现代伦理精神。新媒体传播为中国建构了较理想的公共领域，推动了中国公民社会的进程。其一，新媒体传播为中国培养了自主理性的公众。新媒体提供的出版空间刺激了个体对信息创造性活动的主动参与，也实现着参与者的自我发现与完善。新媒体将个体置于一个反思和重塑自我的循环之中，由于博客等有相对固定的发布空间，这使传播者的身份相对确定，出于获得他人赞赏的需要，参与者倾向于表现自己的优点而故意收敛个性中的负面因素，使交往行为趋于理性，从而培养了具有独立性、自主理性的公众。其二，新媒体为中国民众提供了可以表达主张的功能强大的话语平台。在此之前，中国大众传媒基本上处于精英力量的主导之下，民众参与度不高。新媒体把传统媒体的受众转变为公众，使中国普通民众大规模介入公共信息传播。当今中国社会各个地区、各个层级几乎都在互联网上建造了信息传播平台，公民的知情权、公共表达、公共监督、公共参与和公共协商等信息权利得到极大的实现。其三，新媒体促进中国公众就普遍利益问题自由辩论，形成公众舆论。新媒体向所有人和所有问题开放，公共话题的范围从传统公共领域的文学艺术话题，扩展到社会生活的几乎一切领域。公众可以不经过"把关人"的审核把事件上传到网上形成草根新闻，按照自己的意愿自由讨论问题并推动舆论，使公共事务更多地置于公众的监督和评判之下。新媒体通过建构公共领域，促进了我国公民社会的形成，也孕育了开放、平等、民主等现代伦理精神。

新媒体传播促使中国传统伦理向公民社会伦理演进。中国现代化转型与发展为公民社会的形成准备了良好的条件。公民社会是一个器物存在、制度存在和精神文化观念的统一。公民社会的现代性意义通过公民社会精神形态——公民伦理体现出来，公民伦理形态是实现伦理传统创造性转化的必然抉择与过程。

新媒体传播使广大民众积极参与到公共事务中，公民社会趋向与公民伦理诉求成了当代中国的基本社会存在境况。从传统社会依附型人格走向公民社会独立型人格，成为中国社会伦理变迁和公民伦理趋向的必然。公民人格的价值包含两个方面。其一，既尊重个体独立价值的主体性，又强调尊重他者权利的主体间性。公民人格在强调对依附性、受动性消除和主体性、独立性获得的同时，强调人应当承担社会义务和对他人的尊重。新媒体传播环境促进了人们独立性和主体性的自我意识，同时网络社区中的社群化又使人们形成了对他者权利的尊重和认同。一方面，网络化生存解构了传统的整体主义至上的价值模式，在新媒体创造的存在时空中，个体摆脱了现实社会群体与社会关系的制约，凭自由意志做出价值选择，促进了独立性和主体性的自我意识。另一方面，由于新媒体环境中人们持有各自不同的价值观，在彼此没有根本利益冲突的前提下，人们选择了包容与尊重他人。从而新媒体促进了主体性与主体间性统一的公民伦理精神的形成。其二，既推崇契约精神和规范意识，又高扬德性价值。契约精神是平等主体为了尊重相互间的主体地位与权利而达成契约的精神凝结，是维系公民社会正常交往的最基本的主体人格要求。德性精神是一种道德价值信仰，是主体内在的对美德与崇高人格范型的追求。公民人格既推崇契约精神又崇尚德性价值，在优先强调契约与规范意识的同时，又倡导作为价值信仰存在的德性精神。新媒体所具有的网络文化精神和技术理性与契约精神之间相互贯通，新媒体视域下的网络化生存使差异主体的独立性越发强化，个体权利诉求更加自由与开阔，而现实社会的他律机制在虚拟时空中的淡化，使差异个体间的矛盾更加纷呈。网络虚拟空间的理性化与规范化迫切需要更加完备的法制与契约形式，新媒体不断催生现代完备的契约精神。又由于现实社会的道德规范对新媒体时空中的行为不具有较强的约束力，个体是否遵守道德规范主要依靠其自身的道德水平和道德信仰。因此，新媒体催生了契约精神与德性精神统一的现代伦理精神。

（三）新媒体视域下应注重大学生的公民德育创新

对于新媒体视域下的当今中国而言，伦理道德的现代性是一种应然性的期待与选择，公民伦理形态是实现伦理传统创造性转化的必然抉择与过程。因此，新媒体视域下的大学生德育应根据我国社会伦理向现代公民伦理演进的现实状况，注重大学生的公民德育创新。

首先，认识传统德育的当代困境与局限。新媒体视域下，中国传统德育面临一些困境与危机，主要表现为：其一，传统伦理文化与人格范型相适应，传统德育理念与模式是忽视个体的个性与主体性的；其二，传统德育根本上是一种道德义务与道德责任的教育，在教育内容上缺乏对个体道德权利的应有考量；其三，传统德育有着塑造"圣贤人格"的远大志向，却缺乏对作为人伦底线的基本的理性与规范的关照；其四，传统德育有着发达的亲缘伦理精神教育的传统与根基，但同时存在着公共生活的伦理教育的巨大"空场"；其五，传统德育在教育方法上维系着由外向内的刚性有余而柔性不足、理性泛化而感情缺失的灌注方法。

其次，注重新媒体视域下中国公民社会伦理进程中的大学生公民德育创新。新媒体视域下中国公民社会、公民伦理的发展趋向对现代德育的期待，中国传统伦理文化及其所规定的传统德育在现代生存方式下的式微与困顿，都呼唤一种基于网络化、全球化的境遇下的，契合了公民社会及公民伦理发展思路的，实现了自身历史性转型并获具了现代性价值的德育形态。这种现代德育形态的现代性价值与意蕴，集中通过其现代性的德育理念体现出来。作为公民社会的精神文化表征的公民伦理与公民人格的价值涵摄与价值规定，框定了现代德育之现代理念的存在形式，体现为主体性精神、契约精神和权利与义务对等精神等方面。因此，在新媒体视域下，应注重对大学生进行公民德育，应在坚持社会主义核心价值体系教育的前提下，注重培养大学生的主体性精神、契约精神和权利与义务对等精神，并将其具体内化于德育的目标设定、内容取舍与方法论选择之中。

第三节 新媒体视域下大学生德育方法、形式的创新

方法是主体为了达到预期目的，在认识世界和改造世界中所采用的方式和手段。新媒体的发展使德育方法从静态走向动态、从平面化变为立体化。应运用网络媒体、手机媒体等新媒体平台创新德育方法，改进德育形式，创新运用自主性德育、参与性德育、主体间性德育等形式，突出德育的针对性和实效性。

一、运用新媒体创新德育方法

（一）运用网络媒体创新德育

互联网已成为最主要的新媒体。网络媒体包括网站，博客、播客、维客，网络电视，网络广播，网络报刊等。在重大事件的新闻传播中，网络媒体正在实现"草根"走向"主流"的角色转变。大学生在思想、道德、价值观方面受网络媒体的影响较大。

首先，加强社会网站建设，使之成为对大学生进行教育的重要阵地。社会网站具有专业技术力量强、信息量大、形式新颖等优势，对大学生具有较强的吸引力。社会网站包括新闻网站、网络论坛社区、社交网站等。

新闻网站是中国互联网世界的主流媒体，包括综合类新闻网站、门户网站的新闻频道和传统媒体的网络版。新闻网站的发展呈现出问政、参政能量巨大，动员社会积极、有效，关注弱势群体，音、视频传播发展，技术跟进快速、主动等特点。网络论坛社区主要有综合性论坛社区网站、门户网站的论坛社区、新闻网站下设的论坛社区、专业性论坛社区、高校论坛社区等。用户使用网络论坛社区的主要目的是交流信息、分享生活及情感体验、宣泄情绪等。社交网站日益成为融合性社交平台和媒介平台，社交网站的发展不仅意味着可能改变人们的社交方式，而且还会对新闻信息的生产与传播方式产生影响。加强社会网站建设应从以下几方面做起：

一是强化社会网站的社会责任意识，弘扬社会主旋律和主流文化。除了国家和地方政府主办的官方网站外，大多数专业网站是自负盈亏的企业，它们把追求经济效益放在较为

突出的地位，这就易导致网站内充斥虚假广告、过度的娱乐性甚至色情等不健康的内容。因此，必须强化和重申社会网站的社会责任意识，要求弘扬社会主旋律和主流文化。因为网站作为媒体具有传播文化和价值观的作用，只有弘扬社会主旋律和主流文化，以社会主义核心价值体系为指导，才能使社会网站的内容更健康积极。

二是国家主流媒体与网络媒体适当合作，将国家大力提倡的内容以适当的方式在社会网站、论坛上展现。这里有两个层面的内容。一是官方网站应做好表率，发挥对其他社会网站的示范、带动作用。二是国家主流媒体与网络媒体适当合作。目前，我国媒体机构开始进驻社交网站。

三是加强对社会网站、论坛的舆论引导，培养思想先进、理论水平较高的意见领袖，发挥其在网络舆论中的引导作用。一方面，网络论坛高度的自主性给了网民广泛的话语权，在维护公民表达自由权利、完善舆论监督方面具有一定的积极作用；但另一方面，网络论坛匿名、随意、无序的过度表达又引发了许多问题，一些不负责任的发帖、跟帖等违法、违反道德的言论产生了不良的社会影响。所以，应加强对社会网站、论坛的舆论引导，通过培训网站管理人员，提升其政治理论和文化素质，培养政治素质过硬、理论水平高的舆论意见领袖，通过邀请专家到论坛做客等方式，对舆论加以正确的引导。

四是加强监管，通过完善法律、法规和监管技术手段，规范社会网站的行为。目前，我国除了将现有的法律适用于新媒体空间外，也出台了一批有关新媒体的法律、法规，包括由全国人大常委会制定的法律或做出的决定、行政法规、司法解释、部门规章等，并形成了初步的法律体系。从目前来看，我国的网络立法与现在飞速发展的网络技术和实践还不能契合。网络空间和现实空间的利益冲突、网络技术进步等因素对网络主体的权利、义务带来重大影响。在我国，网络立法的当务之急不是大规模地制定新法，而是尽可能扩大现有法律、法规的适用范围，对网络空间的特殊问题进行补充、修改，保持现有法律体系的稳定。从长远看，制定一部专门的网络基本法非常必要。

其次，加强高校校园网络建设，发挥其德育功能。提高高校网络道德建设的水平和效果，坚持重在建设的原则，完善校园网络系统。校园网络建设应体现五个"统一"，即互联性与特色性的统一、知识性与思想性的统一、丰富性与主流性的统一、疏导性与互动性的统一、教育性与服务性的统一。

建设高校专题德育网站、德育论坛，搭建网络德育平台。可以将德育网站挂在学校学工部或团委的网站上，也可以单独设立专题网站。还可以根据工作需要设立专题网站，如科学发展观网站、创先争优网站。目前学校德育网站存在的问题是内容相对单一、形式较单调，对学生的吸引力不大。应在坚持社会主义核心价值体系为指导的前提下，将教育内容丰富化、形象化、数字化，增强网站的吸引力和凝聚力，发挥德育网站对学生的教育作用。可以让学生针对社会问题自由发表言论，教师给予适当引导，效果较好；绝大多数学校设立了百度校园贴吧，成为大学生发表言论、老师了解学生思想的平台；而人人网等校园社交网站，成为教师和学生都比较喜欢参与的交流平台，达到相互了解、互通信息、交流感情和心得的目的。

加强校园网络管理，尽量减少师生同消极信息的接触。健全校园网络管理制度，确保校园网络管理有章可循、明确责任，并实行经常性的检查监督和必要的奖惩措施，把好各种信息的进出和传播关，为健康信息创造更加便捷的通道，尽可能减少消极信息在校园网络上传播。

最后，建设德育博客、微博，发挥其教育作用。博客、微博作为新兴媒介在大学生中产生了广泛影响。

博客、微博对传统传播理论的突破。一是传统"把关人"在博客、微博中的缺失。由于博客的匿名性、交互性、平等性，人们可以随心所欲在网上发布信息，人们既是信息的接受者又是信息的发布者，这使得过去大众传媒组织所特有的把关特权开始为广大的公众享有，在传统传播环境下由少数传播组织控制把关权的状况被庞大的博客"把关人"所颠覆。二是博客、微博凸显了议程设置功能的非权利化。大众传媒的议程设置受到政治、经济和意识形态关系的影响，带有权力色彩。议程设置功能在博客中存在的方式、所起的效用不同于传统媒体，最大限度地淡化了议程设置的权力色彩，凸显出非权力化的议程设置特点。由门户网站和传统媒介主导，博客网站在自身信息筛选的过程中靠近传统大众媒介的口味，呈现一种潜在的议程设置，符合上一级选择条件的博客能参与到整个传播链条中去，不符合选择标准的博客个人站点将逐渐退出博客传播的过程。三是博客、微博挣脱"沉默的螺旋"的轨迹。博客的出现打破了传统媒体的垄断，公众掌握了更大的话语权，"沉默的螺旋"理论正在被打破。博客的匿名性降低了从众现象的发生，博客的个人性和平等性避免了行为的趋同化。博客的进步性体现了公开表达个人意见的愿望，在舆论的产生过程中，被传统媒体忽视的议题在博客里都可以得到有效传播。博客在一定程度上挣脱了"沉默的螺旋"的轨迹。

运用博客、微博进行德育。博客、微博成为大学生比较喜爱的交流工具。一些德育博客应时而生，德育博客目前在不少高校已发展成为德育工作的重要补充和桥梁。

1. 处理好四对关系

一是德育博客与高校德育工作的关系，德育博客要根据德育工作的特点，做好针对性、导向性、实效性与开放性、自由性的融合。二是德育博客与其他网络平台工具的关系，使德育博客既有随机性、隐蔽性和容易接受性，又具有导读性和启发性。三是德育博客引导与思想教育网下处理的关系，做到新媒体德育与现实德育的有机结合。四是德育博客建设主体与访问主体的关系，做到主体间的平等、友好交流。

2. 掌握好三个比例

一是内容建设中原创文章与转载文章的比例。应以原创文章为主，适当转载有价值的精品文章。二是宣传推广中走出去与引进来的比例。德育博客建设主体可经常到彼此空间访问，学会走出去和引进来。三是互动交流中答疑与设问的比例。既要注意答疑解惑，也可根据需要适当提出问题，引导学生参与讨论。

3. 把握德育博客的发展方向

一是推进大学生思政博客的建设力度，将思政博客的建设与繁荣大学文化相结合。既要把先进的大学文化通过新媒体传播给大学生，又要通过建设新媒体文化繁荣大学文化。二是拓展建设主体，努力使之成为全校工作的关注点。引导高校党政干部、辅导员、学生参与到德育博客建设中来。三是打造精品思政博客，增强大学生思政博客的教育实效性。可以多请一些德育专家、理论专家，推出"名师博客""学者博客"等一系列精品思政博客，不断加强大学生德育博客的深度和吸引力。

（二）运用手机媒体创新德育

手机媒体的基本特征是数字化，最大的优势是携带和使用方便。手机媒体作为网络媒体的延伸，具有交互性强、信息获取快、传播快、更新快等特征。这些特征使得手机媒体渗透到生活的各个层面，深刻影响着人类的传播活动。

手机媒体的优势与不足。手机媒体的优势表现为以下几点：一是高度的移动性与便携性，真正做到分众传播。二是信息传播的即时性、互动性，手机媒体是一种开放的互动式传播，集人际传播、群体传播、组织传播、大众传播于一体，具有人性化的特点。三是受众资源极其丰富。四是多媒体传播，可以更真实地反映所报道的对象。五是私密性，对手机媒体用户来说，自由选择和发布信息的权限扩大，私密性得到保证。六是整合性，手机媒体能整合多样的传媒形态，承载报纸、广播、电视等传统媒体的内容；能整合多元的传播主体，将生产信息的传者与接收信息的受众合二为一；能整合多样的传播方式，既可实现点对面、面对点的传播，还可实现点对点、一点对多点、多点对多点等丰富的传播方式。手机传播的不足表现为：虚假与不良信息传播，侵犯个人隐私，信息垃圾，对信息安全的冲击等。

手机媒体对生活方式及文化的影响。首先，手机媒介技术建构了新的社会生活方式，体现在新媒体对时间观、空间观、社会交往、公权力与私权力的影响等方面。一是手机媒介传播时代的时间观表现为手机媒介造成时间的碎片化,加剧对时间的焦虑感。二是手机媒介建构的空间观,表现为公共空间与私人空间在手机中的无缝对接。工作空间是公共空间的一种,手机的使用促成工作场所这种公共空间与私人空间的交错重叠。三是手机营造的虚拟空间——社交平台,如:知乎、微博等。在社交平台活动的主体可隐去真实身份,比实在生活更能敞开自我,实现与他人的纯粹精神交往。四是手机媒介传播时代的社会交往表现为手机媒介拓展了社会交往的广度,促成了社会交往形式的多元化,消解了社会交往的深度,呈现出一种平面化、仪式化、快餐化的特点。手机媒介在中国社会公权领域的应用体现在:开放话语平台,沟通民意;树立及传播形象;构建公共信息的快速传播通道,助力公共事务管理。五是手机媒介在中国社会私权领域的应用体现在:信息获取权、民主参与权、隐私权。

其次,手机作为传媒,其传播的大众文化主要以媒介文化这一大众文化的亚文化形式为主要内容,并且在自身的传播过程中又形成了一种媒介文化现象。手机文化产品遵循了多样、实时、互动的开发原则,手机媒介文化的特质有五个方面:情感体验娱乐化、民众参与普适化、自我表达个性化、文化风格时尚化、精神消费快餐化。

运用手机媒体对学生进行德育。手机媒体给大学生思想道德带来了较大影响。手机已成为大学生生活中必不可少的物品。由于手机媒体本身以及手机文化的自身特点,其对大学生思想道德产生了较大影响。根据手机媒体的特点,创新德育的方式主要有以下几种。

第一,运用手机微信、QQ等社交平台,对学生进行互动、平等的参与式德育。传统德育效果低下的原因之一是教育以教师说教为主,教师对学生处于居高临下的姿态,学生参与程度较低。运用微信、QQ等社交平台,教师与学生可以进行双向或多向的互动交流,而且可以根据学生的具体情况进行定向的交流,有利于学生在教育过程中的参与,利于形成平等的教育关系,可以提高教育的针对性和实际效果。

第二,开发德育微信公众号、微博认证消息订阅等,对学生进行社会主义核心价值体系的教育。如何使社会主义核心价值体系的内容入耳、入脑、入心,是对学生进行教育的重点和难点。运用公众号、微博订阅消息的定向发送、无条件接收的特点,可以开发专题的德育手机报平台,也可以结合普通的校园网新闻推送等,在内容上增加德育方面的内容,同时注意把社会主义核心价值体系的内容形象化、具体化、数字化,从而使社会主义核心价值体系的内容以润物细无声的方式进入学生的视野和大脑。

第三,运用院系班级群组的群发等功能,对学生进行学业、就业指导等服务。社交平台群组的群发功能是对学生进行服务的很好的平台,运用群发功能,可以把学生选课情况、就业招聘单位、招聘会等信息以群组形式通知给学生，使广大学生在第一时间获取信息并为下一步的学习和就业做好准备。

第四，通过公众号图文大赛等形式，发挥学生自我教育的作用。学生是接受教育的主体，也是自我教育的主体，如何发挥学生在教育中的主体作用是教育取得成效的关键。在手机媒体运用普及的今天，微信、微博、校园群组社交平台等成为大学生之间交流的重要方式。通过开展公众号图文大赛等形式，引导学生开发内容健康积极的文章、图画等表达形式，远离垃圾和不健康的文章，增强学生对道德信息的选择和判断能力。

第五，加强手机媒体的管理，营造积极健康的手机文化。我国对手机媒体的管理已经十分完善，目前对于手机媒体应从以下几方面加强管理：一是明确责任主体，理顺管理体制。手机媒体管理涉及不同行业和产业部门，要明确相关管理部门的职责，加强协调配合，建立和完善管理体制机制。二是健全法规制度，严格依法管理。要尽快对从事新闻信息服务的手机网站、手机报纸等的资质审批、内容监管做出具体规定，引导手机媒体健康有序发展。三是完善技术手段，强化技术管理。要不断完善技术手段，提高管理的技术含量。要建立对不良信息、不良 WAP 网站的监控系统，及时发现这些信息并予以处理。电信运营商要继续加大技术投入力度，建立相应的工作流程，积极配合相关管理部门的工作，加大对 SP 的管理。四是推动行业自律，强化自我约束。要制定自律规范，强化自我约束。电信运营商要主动承担相应的职责和任务，协助健全信息服务类业务的管理和控制机制，促进无线互联网行业的协调健康发展。五是规范免费 WAP 网站管理，实施登记备案制度。

（三）运用电视新媒体创新德育

电视新媒体包括数字电视、IPTV、移动电视与户外新媒体等。

运用户外、车载、电梯间的电视媒体等，传播优秀道德和价值观。根据户外、车载、电梯间的电视媒体强迫收视的特点，将社会主义核心价值观的内容数字化、形象化地展现在人们面前，使人们在潜移默化中受到教育和熏陶。同时通过这些媒体对优秀道德的传播，营造良好的道德建设环境与氛围。

运用校园电视平台，对学生进行德育。校园电视是学生在学校中收看电视节目的主要工具，一般放置在宿舍和教室里。校园电视除了播放国家和省市电视台的节目外，还可以播放学校电视台自制的节目。学校可以结合学校和学生自身的特点，制作与学生生活紧密相关的、内容健康向上的电视节目，对学生起到引导和教育的作用；同时可以增加学生与校园电视互动的机会，通过学生参与节目制作，在节目播出过程中短信参与、有奖竞答等形式，把学生吸引到积极健康的优秀校园电视节目中来，让学生在参与中接受教育。

二、运用新媒体改进德育的形式

（一）自主性德育

自主性德育是一种肯定德育主体具有相对独立地位和权利的德育，是一种充分肯定德育主体内在道德需要的德育，是一种内化了社会需要并对社会完全负责的德育，是一种充分地体现人的生存价值和生命意义的德育。

自主性德育作为一种以教育者与受教育者的自主性为特征的学校教育，必然遵循自由性、理性、价值性的原则。自由性原则，即理性的、有限制的、完全的"平等自由"的自由原则；理性原则，自主性德育具有客观性、合理性、合法性，还包含情感上的稳定性和意志上的坚定性；价值性原则，自主性德育追求的是人的个性的解放和体现，是人的权利的落实，以及人的人格和尊严维护的原则。自主性德育就是坚持对教育者和受教育者的双重人格尊重。这是自主性德育与传统德育的最大区别。

新媒体视域下自主性德育的现实诉求。首先，新媒体环境产生了实行自主性德育的迫切需求。当代社会在现代科技的冲击下发生了重要的变化，特别是建立在新媒体等现代科技基础之上的信息化趋势，使国际化社会的概念日益普及和日常化，国与国之间的信息传递日益简单和快捷，多样化社会对人的个性素质要求越来越直接和深刻。因此，一方面，现代社会造就了人的个性发展的环境和空间；另一方面，现代社会对人的个性化要求越来越高。作为人的个性化特征，人的自主性也必然成为社会和个人发展追求的目标。由于新媒体的全球性的、去中心化的交互性使人们的交流跨越了时空和国界，这需要培养学生走向他人、学会交往、学会合作的社会人格，使人由孤独的个体转变为精神富足懂礼的整体，从孤立的自我走向高尚、友谊、互助的群体。所有这一切可以说都需要以人的自主性为前提。社会的这种需要要求教育应该做出与此相适应的变革和应答，也就产生了社会对自主性德育的诉求。其次，新媒体环境为自主性德育创造了机遇与条件。新媒体的开放性、互动性、虚拟性、参与性为自主性德育创造了机遇与条件。新媒体的开放性使其空间中容纳了世界各国家、各民族的文化和价值观，包含了海量信息，为学校和师生自主选择信息提供了平台，也使学生在自由选择中促进了其个性的发展；新媒体的互动性使师生可以在线即时交流，有利于师生的对话和相互理解；新媒体的虚拟性使师生可以隐去现实中的真实身份，以平等的姿态、敞开心扉进行平等交流，有利于建立师生平等的关系，提高教育效果；新媒体的广泛参与性可以使师生随时、随地参与到讨论和交流中，使学生的需求得到理解和尊重，有利于自主性德育的开展。

新媒体视域下自主性德育的价值观。自主性德育是促使教育者和受教育者充分发挥个体教、学自主性的德育。新媒体视域下，培养和生成受教育者自主性的道德意识、道德能力、道德习惯，是自主性德育追求的价值目标。自主性德育所依据和主张的以个人自主为主，是意在推动传统德育中的以他律为主的德育方式向以自律为主的德育方式方向转化。这种德育思想要求学校德育一方面要考虑社会的道德需要，另一方面则应该考虑受教育者及教育者个人的道德需要，并考虑德育的自愿性、自觉性、意义性等特点，着重通过促进道德主体的自我道德意识的增强和道德自觉性的增加来增强德育的效果。新媒体环境是一个以法律规范为主导、主要依靠个体道德自律来维持秩序的空间，这种德育方式有利于提高学生的道德水平。在德育的管理方面，应该结合新媒体的特点，运用新媒体为介体和手段，促进传统的封闭式、单一式、半强制式的德育管理体制向开放式、多样化、民主性的德育活动组织体制转化，使德育活动更符合德育规律，使德育活动成为教育者和受教育者都自觉、自愿、自主、自由、愉快参与的活动，使德育真正发挥提升人的精神和人格的作用。自主性德育的价值观念，应该能够积极有效地促使教育者和受教育者两方面都能充分地表现人的超越性、高尚性、自主性，真正地促进学校德育质量的提高。

新媒体视域下自主性德育的目的观。自主性德育的目的无疑是培养具有自主性道德的人，而一个具有自主性道德的人，其人格结构则可能逻辑地表现为自主性道德意识、道德能力、道德习惯、道德精神等，其关键之处在于受教育者的自主性德性素质的培养方面。而最注重道德自主性的新媒体环境，为坚持和发展自主性德育的目的提供了条件。倡导和宣扬受教育者个体的自主性意识，倡导公民个体权利意识、责任意识、民主意识，是对我们以往的"自律"道德意识的发展，促使道德主体不仅要主动地约束自己，使自己的行为符合社会道德的要求，还明确地要求道德主体能够和坚持自己做主，学会决定自己的事情。这要求德育不仅要向学生合理地传授道德知识和道德意识，而且要促进受教育者既将这些道德知识内化为自己的思想和信念，又将这些道德知识转化为受教育者的道德行为和道德习惯，可能时还应该化为他们的道德精神。自主性德育所追求的目的是培养受教育者的自主性德性素质，由于作为德育主体的受教育者要经历由道德意识向道德行为、道德习惯、道德精神的一系列转化，从而使德育主体的德性素质成长成为一个逻辑、生成、持续的发展过程，也使受教育者的德性素质养成将具备生成性、稳定性、开放性、正义性等特征，从而为自主性德育目的的内涵，赋予了时代和革命意义。

新媒体视域下自主性德育的活动机制。自主性德育的活动机制，是指由决定自主性德育活动的各种条件、要素、力量所形成的决定自主性德育是这样活动而不是那样活动的控制系统，这个系统决定着自主性德育的方向、方式、趋势，是自主性德育活动内在的决定因素。首先，新媒体视域下的自主性德育活动机制具有自身的特点。成人是自主性德育活动机制的逻辑起点。一是由自然人向社会人再向道德自律的人的转化。新媒体环境对于促进学生向道德自律的人的转化具有更重要的作用，基于新媒体而开展的德育活动从其活动的起点处就坚持尊重教育者和受教育者的人格和权利，承认并坚持教育者和受教育者的自由和自主权利。二是由"单子式"的个人向世界历史性的个人方向发展。新媒体广泛互动交往的特点、新媒体文化中的社群文化对于促进学生由"单子式"的个人向世界历史性的个人方向发展很有益处。"单子式"个人主要是指每个个人都是以一种彼此分离、孤立、封闭的单子方式生存着，人与人之间缺乏一种开放性的精神交往和合作，人在本质上是一种"孤独的个人"。新媒体视域下通过社群交往、互动交流的自主性德育，以受教育者自由、自主为特征的德育模式，是以人作为一个权利和责任的统一体为前提的。在这种教育模式中，无论是教育者还是受教育者，每个人都是一个独立、自由的个体，都有与他人（任何人）平等的法定权利和自由，也有与他人（任何人）相同的责任和义务。新媒体视域下的自主性德育有助于学生确立主体意识和主体地位，并帮助学生摆脱"单子式"的状态。

其次，新媒体视域下自主性德育活动机制的主要原则。新媒体视域下，自主性德育在其活动机制的建构中，将结合新媒体的特点，发挥其优势，努力坚持多样性、开放性、有效性的原则。多样性是指在学校德育的活动形式上，既要坚持传统德育活动中有效的课堂教学和课外活动的形式，又要努力开拓一些新的德育形式，诸如网上与网下结合的参与性教学、活动性教学等。自主性德育的开放性，表明其活动机制不会将自己局限于一时一地，而是将自己置于社会发展的大环境之中。在国际化、民族化的德育学习和借鉴以外，自主性德育的开放性还包括在具体的德育活动中，以灵活多样的形式完成德育的使命。自主性德育的有效性是指根据新媒体的特点，使教育活动的形式和内容符合学生的特点和成长、成才的需要，注重德育的有效性。

新媒体视域下自主性德育活动中的师生关系表现出三个特点：其一，新媒体视域下自主性德育活动中的师生关系是一种师生相互交往性的平等关系。新媒体视域下自主性德育，就是建立在自主性德育思想基础上的、能促进教育者和受教育者双方进行平等对话的交往性教育活动。在这种教育活动中，一方面，受教育者和教育者双方都是带着自己的需要来从事这项活动的，其中受教育者期望和需要在学习中受到教育者的指导，教育者则需要通过受教育者的学习和成长活动而完成自己的职责和实现自己的信念和理想，双方共同的需要使这种交往形式成立。另一方面，教育者和受教育者地位平等的交往性学习有利于受教育者道德素质的生成。其二，新媒体视域下自主性德育活动中的师生关系是一种帮助指导的关系。在这种相互的、合作的道德学习过程中，学习者应该是独立的、自由的。因为道德发展是个体选择的一部分，真正道德的生长发生在个体内部。自主性德育正是借鉴了"教育即生长"的原则，主张保证受教育者独立自由的学习权利，让学生拥有广泛的学习选择权，让学生做自己学习的主人，自主地选择学习的内容、形式和方法。其三，新媒体视域下自主性德育的师生关系是一种引导、启蒙、提高的关系。教育中的师生关系就由学生的自主学习、自主选择、自主评价、自主需要与教师的积极指导、热情帮助两方面合力形成。

（二）参与式德育

参与式德育的实质是生活德育、活动德育、体验性德育、社会化德育，是学生在真实的生活（包括学校、家庭、社会）中通过参与活动和亲身实践来体验的德育。与我们倡导创设德育情境不同，参与式德育更强调真实、自然、无痕的社会生活场景。

首先，参与式德育的特点分析。参与式德育的特点概括起来主要表现为实践性、开放性和生成性三个方面。参与式德育的本质是实践的，实践的观点是参与式德育首要的观点。只有在实践中学生的主观认识见之于客观行为，潜在品质才变为显性品质。学生只有在德育实践过程中将内化的德育知识、信念外化到行为上，才能形成相对固化的品德。参与式德育具有显著的开放性。参与式德育，其实质是让学生参与到真实的生活中来，满足其不断发展变化的需要。这需要教师通过创设一定的情境来提升学生的需要和兴趣，让学生接受无痕的教育。参与式德育是一个不断生成的过程。杜威认为道德真理是相对的，任何道德都必须服从于不断变化的社会需要。时代在变，新环境下的新问题、新情况层出不穷，学生的需要、兴趣和观念在不断变化。因此德育活动在理念、内容、方式上也要变化，是一个不断变化、生成的过程。参与式德育就是根据时代发展的要求，加强德育的主体性、针对性，使学生真正成为个性化与社会化有机统一的"道德人"。

其次，新媒体环境与参与式德育的契合。一方面，新媒体环境对参与式德育提出了迫切要求。新媒体传播的特点决定了其为德育提供了一个与以往不同的教育环境。新媒体环境对以灌输为主的传统教育模式提出了挑战，迫切需要构建与新媒体相适应的、现代开放的参与式德育。新媒体的开放性、信息的海量性产生了实行参与式德育的诉求。新媒体改变了以往众多媒体地域性传播的特点，新媒体空间上的开放性导致了新媒体传播地域上的全球覆盖，时间与空间上的开放性导致了信息的海量存储，而由于"把关人"的监管不到位，这使得信息良莠不齐，对学生的价值观和思想冲击较大，仅靠传统的灌输式教育较难奏效，迫切需要以学生参与为主、充分发挥学生主动性的参与式教育。另一方面，新媒体环境为参与式德育的实施提供了机遇与条件。新媒体环境在对参与式教育提出迫切要求的同时，也创造了参与式德育构建的有利条件。新媒体的交互性与即时性为学生创造了参与德育活动、确立主体地位的有利条件。新媒体的互动性是新媒体信息发布的低门槛和信息传播方式的灵活性所带来的直接结果。互动性不仅体现在传、受双方交流的增强，还体现在整个信息形成过程的改变。信息不再依赖于某一方发出，而是在双方的交流过程中形成。新媒体最大的吸引力就是用户的主导性、自主性得到了空前增强。同时，新媒体是即时传播，用户可以随时随地"面对面"地交流，这些传播特点比较有利于学生参与到教育活动中，不必受时间和空间的限制，而且增加了教育者与受教育者的即时沟通交流，使得彼此相互了解和理解，有益于提高教育效果。新媒体的个性化与社群化为学生创造了较广泛的交往环境，新媒体真正实现了个性化服务。用户可以自由地选择信息接收的时间、地点以及媒介的形式，传者可以用"信息推送技术"，根据用户的需求为他推送信息的专门化服务。新媒体传播不仅具有综合性、主动性、参与性、渗透性和操作性的特点，而且具有灵活性、开放性和交互性的特点。新媒体个性化的特点为学生自主选择学习的内容、培养和发展学生的个性创造了条件。新媒体的社区、BBS和自由论坛等充斥在虚拟空间中，这些社群往往形成一些很牢固的人际互动网络。学生通过参加社群内的活动，可以就某些话题交换意见，这对于培养学生的群体意识与合作性具有较大作用。新媒体的匿名性、虚拟性为学生创造了较真实的生活和社会环境。由于新媒体的匿名性、虚拟性，教师和学生都可以隐去身份，较真实地表达自己的内心想法，有利于创设较真实的生活和社会环境，让学生没有心理负担地进行道德选择和道德判断。因此，新媒体环境为参与式德育的实施提供了很好的机遇与条件。

最后，新媒体视域下参与性德育的实施。新媒体视域下参与性德育的实施可以分为以下几个方面：

一是运用新媒体，构建学校、社会和家庭参与的大德育格局，形成德育合力。现代社会的教育已不是单纯的学校教育或家庭教育，参与式德育需要社会、学校、家长、学生的共同参与。因此应顺应教育的综合化发展趋势，形成学校、社会和家庭齐抓共管、多管齐下的合力，促进学生全面发展。新媒体的开放性为建立学校、家庭、社会之间的立体联系，构建大德育格局创造了条件。通过建立辅导员博客、德育网站、校长信箱、家长反馈平台、班级博客、校友之窗网站等平台，让家长了解学校的教育情况并可即时反馈意见，让学生了解学校和辅导员的情况并即时互动，让社会参与到学校教育中来。通过网上联系与网下联系相结合，建立学校、学生和教师与家庭、社会之间走出去和请进来的互动。面向社会开展德育，学生价值观的变化和道德行为、观念就能在较大程度上与社会发展相契合。

二是运用新媒体增强学生的参与性，发挥学生在教育中的主体性作用。在学校德育中，教师应意识到不同学生的特殊性和差异性，以学生为本。学生是主体、是关键、是目的，应充分发挥学生的自主性和能动性。新媒体是全面参与的、充分展现个性的媒体，学生可以自由在新媒体空间中浏览信息、发表言论、上传视频和图片,而博客、微博等相对固定的新媒体为培养自主的、理性的个体提供了平台。德育工作者可以通过议程设置功能对网站、论坛的内容、问题进行有效设置,引导学生参与到讨论中,并通过讨论自主做出道德判断和道德选择。

三是运用新媒体让学生参与人际交往中的道德实践。新媒体的最显著特点是广泛的交互性,人们可以通过新媒体与世界各地的人们进行广泛交流,这样就拓展了学生的交往空间。同时新媒体的去中心化和虚拟性,使得新媒体中没有领导者与被领导者,只有身份平等的新媒体用户,新媒体为大学生创设了广泛的、平等的交往空间。学生通过在新媒体中的交往,去深化或改变生活中已有的道德观念,因此学生在新媒体中的自我教育因素比较多。教育者可以通过与学生在线交流、加入社群,并通过较强的影响力获得社群的倡导者身份,从而对学生进行有效的教育。

(三)主体间性德育

"主体间性"一词可翻译为交互主体性、主体之间性、主体际性等。现象学大师胡塞尔认为自我与他我通过拥有共同世界而形成一个共同体,单一的主体性也因之而过渡到主体间性,这种主体间性是通过"共现""统觉""移情"而实现的。

在"人的依赖关系"阶段,个人的主体性被群体性所掩盖。在"以物的依赖性为基础"阶段,人的主体性从属于物的主体性。在"个人全面发展和自由个性"阶段,以个体的全面自由发展为基础,寻求个体与个体、个体与群体、人与自然的自觉融合和统一,主体间性的本质体现了类主体性。总之,主体间性是主体间关系的规定性,是主体与主体之间的相关性、统一性、调节性。主体间性的含义可以从三个方面来理解:其一,主体间性的根据在于生存本身。因为主体与主体相互联系、相互依存、共同发展是现实世界的客观现象。其二,主体间性是一种关系。主体间性不是把自我看成单子式的个体,而是看成与其他主体的共在。其三,主体间性是一种方法论。这种方法是处理人与人之间关系的方法,即对待他人要尊重、同情,而不是排斥。

首先,主体间性德育的内涵分析。当前对德育过程中的主客体关系有三种不同的观点。第一种观点认为,教育者是主体,受教育者是客体。第二种观点是主导主体论,认为教育对象是教育过程的主体,教育者发挥主导作用。第三种观点认为,教育者与受教育者之间互为主客体,提出了双主体说。第一种观点影响最深,它的"主体—客体"模式、理论上的主客二分,只体现了德育的一个过程、一个方面;第二种观点中,受教育者的主体是被教育者所规定了的主体,仍然是德育的配角;第三种观点把德育中本应是统一的"施教"

和"受教"割裂开来，仍只强调单极的主体性，仍然是"主体—客体"模式。

主体间性德育是指两种关系的统一：一种关系是教育者与受教育者都作为德育的主体，二者构成了"主体—主体"的关系；另一种关系是教育者与受教育者都是德育的主体，是复数的主体，他们把教育资料作为共同客体，与教育资料构成"主体—客体"的关系。这即是主体间性德育。

其次，主体间性德育的特征分析。主体间性德育的第一个特征是指教育者与受教育者是共同的主体间的存在方式。在主体间性德育中，受教育者不再被视为客体，而是与"我"一样的另一个主体。这种教育方式体现了以人为本、对他人的尊重。主体间性德育的第二个特征是指教育者与受教育者之间的活动是主体间的交往活动，而不是教育者的单项活动。

主体间性德育强调教育者和受教育者都是德育的主体，教育者是与他人共在的自我。主体间性德育的第三个特征是指教育者与受教育者之间是相互理解的，他们通过换位思考的方法来实现人的思想品德的提高，而不是通过单子式的硬性填鸭教育来实现。主体间性理论为德育提供了新的哲学范式和方法论，继承并吸收了主体性德育的优秀成果，克服了以自我为中心、视受教育者为纯粹客体所带来的局限。

再次，主体间性德育是新媒体发展的必然要求。随着新媒体的快速发展，人类逐渐进入新媒体时代，在新媒体空间中，人与人的交往呈现两大特点：其一是"去中心化"。新媒体的隐匿性、虚拟性使人们具有安全感，使人与人之间的交往更加自主开放。在这里没有领导者和被领导者，只有倾诉者和倾听者，各种道德标准在新媒体交往中只会越来越趋向统一，因为符合社会要求的各种道德标准是这种交往的基础。其二是信息共享。新媒体的开放性使其成为信息的海洋，供人们分享，人们在分享的同时，又为这个海洋提供新的资源。信息共享还体现为一种人与人之间的平等的双向的交往，捧出自己的思想，接纳别人的思想。但同时新媒体空间中海量的信息是良莠不齐的，有些是有害的。要以社会主义核心价值体系来引导新媒体的发展，充分考虑受教者的兴趣爱好，遵循新媒体传播的特点和规律，对学生进行教育。单子式的主体性德育常常是教育者为唯一的主体，只注重教育者单向的信息输出，受教育者成了信息的唯一分享者，他们很少有输出信息的权利、机会。这样的德育在新媒体视域下是行不通的。因此，德育的主体间性转向是新媒体发展的迫切要求，体现了德育与时俱进的时代特征。

最后，新媒体视域下主体间性德育的实现路径。主体间性德育理论认为，在德育实践中，教育者和受教育者双方的地位是平等的，彼此之间要互相尊重、信任和理解。我们要以主体间性德育理论为指导，根据新媒体的特点，在新媒体德育过程中突出主体间性的实现。

教育者运用新媒体，采取各种途径把德育信息传播给受教育者。一是教育者把受教者放在与自己交流互动的同一平台上，根据受教育者的兴趣、需要和现实个性有针对性地进行教育，促进其全面和谐发展。二是教育者可以通过电子邮件、心理网站、德育网站，采用自由讨论、平等对话等形式，运用启发式、互动式、交流式的教育方式解决受教育者的思想问题。三是教育者要把教育内容数字化，利用多媒体形式占领新媒体阵地。

受教育者充分发挥自己的主体性。一方面，受教育者面对新媒体空间良莠不齐的信息，主动地选择接收信息，这同时是一个受教育者提高辨别能力的过程。另一方面，主体间性理论以交互性作为其存在的基础，受教育者借助新媒体平台，充分发挥自己的能动性。通过与教育者相互沟通和理解的一种良性互动，受教育者把社会主导的价值观纳入自己的认知范畴加以消化和吸收，并自觉地外化为良好的行为习惯。

主体间交往过程是一个双向互动的过程。在新媒体德育中，教育者和受教育者互相信任、共同对话，是一种平等的参与合作的关系。受教育者不仅可以迅速地反馈信息，而且也可以积极地影响他人，转化成教育者。教育者和受教育者在共享中相互促进、共同发展，建构了一种双向互动、开放性、探索式的德育模式。

（四）嵌入式德育

目前教育界的嵌入式教育一般指两种情况。一种是嵌入式技术教育，主要是将计算机技术、电子技术和其他学科与技术相结合进行综合教育的方式。在这一教育方式下，培养的是有深厚理论基础和实践经验的IT行业的高端人才。另一种是"课程嵌入式评价法"。这一评价方法以通识课程教学为基础，教师以一种不受外界干扰的、系统化的方式，对学生作业按课程目标各个方面来评出等级，以此来衡量学生的学习效果。教师对学生的评级数据为院系评价报告提供了很多用问卷调查法和目标测试法所不能提供的信息。目前我国一些图书馆在原来传统信息素养教育的基础上，进行嵌入式信息素养教育，基本是基于第一种和第二种情况的融合而进行的。嵌入式信息素养教育是一种新颖的、高效的信息素养教育方式，其教学效果较之传统信息素养教育明显，是未来信息素养教育的发展方向。

目前，嵌入式德育的提法较少。有些人提到，应不仅把德育作为一门与科学课程并列的课程去讲述，也应该将德育嵌入教学，让学生在问题发生时进行探讨，或进行自我反省，或进行表扬，让学生切身感受到德育问题，并亲身分析此事，这样他才是真正意义上的感同身受，从内心接受或摒弃一些习惯或做法。嵌入式德育是一个综合的、广义的概念，既包括在借鉴传统德育的基础上，教育者借助一定的终端，通过先进的技术嵌入用户计算机、移动通信工具，对学生进行德育，也包括通过网上与网下结合，教育者以协作者的身份参与到学生德育活动中对学生进行德育。

新媒体视域下嵌入式德育的优势。一方面，嵌入式德育可迎合大学生的信息行为模式。因为，现在绝大多数的大学生都喜欢使用数字资源，都熟悉 Web2.0 技术，可以说，网络等新媒体已经成为他们生活中非常重要的一部分。另一方面，嵌入式德育可不受时空限制地对学生进行教育。嵌入式德育不受物理空间和时间的限制，它无处不在，只要有教师和学生，有新媒体用户终端，就可以进行。而且教育的形式比较自然，基本上是一种无痕的教育。

新媒体视域下嵌入式德育的实现模式包括如下几种。

首先，通过嵌入用户计算机网络空间来实现。德育嵌入计算机网络空间是指把德育信息内容经过数字化处理以后嵌入用户的计算机桌面、浏览器、常用学习软件、常去的网站、热门搜索引擎等用户虚拟环境中，还可以嵌入院系网站、学生活动主页、社交网站、BBS、即时通信工具等网络环境中，以营造德育信息在虚拟空间无处不在、用户可信手拈来的局面。

其次，通过嵌入学生手机等移动设备来实现。利用手机这个便捷的通信工具开展嵌入式德育，其前景将是非常乐观的。可以借助手机报的特定用户、强制播出的特点，将德育内容融入其中。借助手机短信互动交流、私密性、容易被接受的特点，将德育内容融入其中。还可以利用可视化技术为教育者和学生提供一个实时的、虚拟的"面对面"的环境，让教师和学生间的沟通更具亲和力，从而提高教育效果。

最后，在新媒体空间中针对热点问题和情境进行嵌入式教育。通过在网络社区、BBS 等设置热点问题讨论，并由理论知识功底深厚、经验丰富的教育者来主导和引导学生的讨论，教育者扮演与学生平等的角色，让学生在问题和情境中进行道德判断，做出道德选择，有利于提升学生的整体道德水平。

参考文献

[1] 付晓秋。以美育人五育并举的一体化育人模式 [M]. 北京：清华大学出版社 .2022.

[2] 方小铁 . 大学生劳动教育 [M]. 北京：北京理工大学出版社 .2022.

[3] 任国友 . 新时代劳动教育的学科重构与大数据分析 [M]. 北京：科学出版社 .2021.

[4] 王雄伟 . 大学生劳动教育 [M]. 北京：化学工业出版社 .2021.

[5] 周兴国，辛治洋 . 大学生劳动教育 [M]. 合肥：安徽大学出版社 .2021.

[6] 邱同保，大学生劳动教育 [M]，北京：机械工业出版社，2021.

[7] 唐博 . 大学生德育教育创新研究 [M]. 长春：吉林文史出版社 ,2021.

[8] 曹清燕 . 价值多元背景下大学生价值观引导研究 [M]. 北京：人民出版社 ,2021.

[9] 李亚美 . 互联网时代下高职院校德育和创新创业教育研究 [M]. 北京：中国商务出版社 ,2021.

[10] 罗玲 . 新时代高校德育工作创新研究 [M]. 北京：中国农业出版社 ,2021.

[11] 周翠 . 高校美育德育的当代发展研究 [M]. 北京：中国纺织出版社 ,2021.

[12] 张华春，季璟，朱慧 . 新时代中国教育改革理论创新研究 [M]. 成都：四川大学出版社 ,2021.08.

[13] 任国友 . 新时代劳动教育的学科重构与大数据分析 [M]. 北京：科学出版社 ,2021.

[14] 赵鑫全 . 张勇，李珂新时代大学生劳动教育 [M]. 北京：机械工业出版社 .2020.

[15] 黎雪琼 . 大学生认同教育 [M]. 广州：广东高等教育出版社 ,2020.09.

[16] 姚上海等 . 高校大学生思想政治教育创新案例研究 [M]. 北京：光明日报出版社 ,2020.

[17] 李强 . 高校大学生思想政治教育实践研究 [M]. 长春：吉林出版集团股份有限公司 ,2020.

[18] 董彬 . 国际化办学中学生创新素养的培育研究 [M]. 苏州：苏州大学出版社 ,2020.

[19] 赵周 . 边疆民族地区教育教学探索与创新 [M]. 昆明：云南大学出版社 ,2020.

[20] 宋阔 . 微时代背景下高校思想政治模式研究 [M]. 长春：吉林出版集团有限责任公司 ,2020.04.

[21] 王泠一 . 上海民生发展报告 2020 版 [M]. 上海：上海社会科学院出版社 ,2020.

[22] 何卫华，林峰，蓝德森，等，高等院校教材大学生劳动教育理论与实践教程 [M]. 厦门：厦门大学出版社，2019.

[23] 马军红. 大学生思想教育对策与模式发展研究 [M]. 长春：吉林出版集团股份有限公司 ,2019.

[24] 褚艳华. 当代大学生道德教育的创新思考 [M]. 北京：新华出版社 ,2019.

[25] 杨杰. 德育建设与大学生创新创业研究 [M]. 延吉：延边大学出版社 ,2019.

[26] 何兴道. 大学生思想引领的路径与载体 [M]. 北京：人民出版社 ,2019.